국제금융시장론

-원리와 응용-

강재택 저

국제금융시장론 -원리와 응용-

저 자 강재택
발행인 한헌주
발행처 경문사
주 소 서울시 서대문구 독립문로 21-9 1층
전 화 02) 738-7035
팩 스 02) 722-4678
E-mail : kmsp@korea.com
http://www.kmsp.co.kr
2020년 8월 25일 발행

정가 **22,000** 원

ISBN 978-89-420-0921-3 93320

저자 소개

■ **성명** : 강 재 택(KANG Jae Taeck)
jetkang@inha.ac.kr
인하대학교 금융투자학과 교수

■ **학력**

- 1982. 연세대학교 경제학과.
- 1991~1993. 파리 13대학교, 국제경제학과(DEA)
- 1997~2000. 파리 13대학교, 국제경제학과(Ph.D)

■ **경력**

- 1982~2019.2. 한국은행 브뤼셀 주재원, 위탁관리팀장, 국제연구팀장, 외환시장팀장, 외환업무부장, 충북본부장, 인재개발원 주임교수
- 2012. 국립외교원 글로벌리더쉽 과정(5기) 수료

■ **저서**

- 국제금융체제 개편 논의(2003.1. 한국은행)
- 생활속의 환율(2008.4. 경문사)
- 21세기 통화전쟁(2014.12. 매일경제신문사)
- Macroeconomics : Principles and Their Applications(2018.9. 경문사)
- 거시경제-원리와 응용-(2019.8. 경문사)

■ **강의**

- 금융연수원, 금융투자교육원
- 한국은행 인재개발원, 금융감독원
- 연세대학교, 중앙대학교, 충북대학교, 청주대학교, 서원대학교

머 리 말

대학에서 국제금융시장론을 강의하면서 학부생들이 국제금융시장에 관한 개념과 원리를 쉽게 이해하는 데 도움이 될 만한 책이 필요하다는 생각을 갖게 되었다.

이 책은 국제금융시장에 대한 많은 내용을 학생들에게 암기시키는 것이 목적이 아니라 국제금융시장의 개념, 가격결정원리, 국제금융시장 리스크의 개념 및 그 관리방안, 국제금융시장 변화에 대한 대응전략을 학생들이 이해하고 스스로 설명하는 능력을 키우는 데 도움이 되는 것을 목적으로 하였다.

주제의 선정에 있어서는 한 학기 강의시간을 감안하여 14주차로 주제를 나누어 설명하였으며 그 중 주제가 큰 경우에는 세부적으로 나누어 설명하였다.

작성하는 과정에서 지나치게 이론에 치우치지 않고 현실적인 면과 조화를 이루도록 노력하였고 그 과정에는 저자가 한국은행에서 근무하면서 얻은 실무경험과 관련자료, 한국은행 발간자료를 많이 활용하였다.

이 책이 학생들이 국제금융시장에 관한 이론과 현실적인 내용을 개념과 원리 중심으로 이해하고 응용능력을 키우는데 도움이 되기를 바란다.

2020년 8월

강재택

차 례

제1주

국제금융시장의 의의

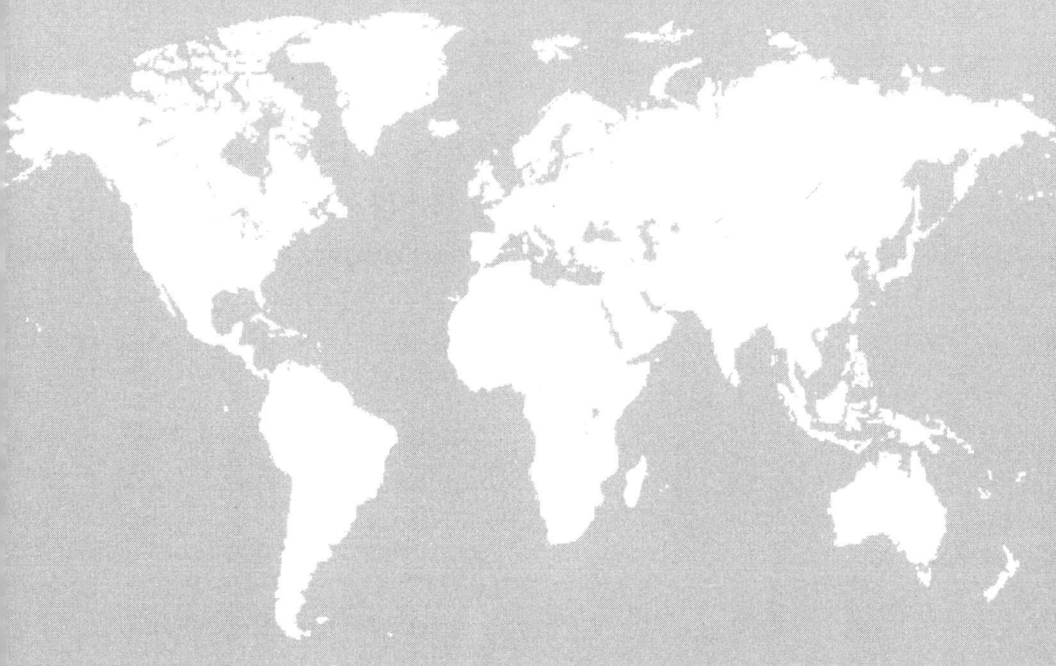

1. 국제금융시장의 개념

◆ **국제금융시장은 국제금융이 이루어지는 시장을 의미한다. 국제금융은 금융을 국제적 관점에서 바라본 것으로 국가간 자본이동을 전제로 한 금융이라 이해할 수 있다.**

- 금융(finance)이란 타인으로부터 자본을 조달하는 것을 말하며 은행차입, 채권발행, 주식발행을 통한 자본조달이 대표적이다.
- 따라서 금융시장(financial market)이란 타인으로부터 자본을 조달하는 시장으로서 은행시장, 채권시장, 주식시장이 대표적이다.
- 그런데 국제금융시장(international financial market)으로 범위를 넓히면 위의 세 시장을 국제적 관점으로 확장하여 국제은행시장, 국제채권시장, 국제주식시장으로 이해할 수 있다. 여기에다 서로 다른 국가들의 이종통화(異種通貨)가 교환되는 세계의 외환시장을 추가하여 네 가지 관점에서 시장을 이해해야 한다.

2. 주요 국제금융시장

◆ **주요 국제금융중심지(International Financial Center)로는 뉴욕, 런던, 동경이 대표적이다.**

- 국제금융중심지가 되기 위해서는 자국통화가 국제통화 기능을 수행하고, 자국내에 장단기 금융시장 및 외환시장이 발달해야 하며, 정보처리기술 및 통신시설의 발달로 시장정보의 입수가 용이해야 한다. 또한 국제금융 중개기관이 존재해야 하고, 국제적으로 상품 및 서비스가 활발히 거래되는 등의 조건이 충족되어야 한다.
- 유럽에서는 1950년대 유로달러시장 발달 이후 런던, 파리, 프랑크푸르트, 취리히가 국제금융 중심지로 형성되었다.
- 아시아에서는 동경, 싱가포르, 홍콩이 1960년대 이후 역외금융센터로서 역할을 하면서 국제금융 중심지로 부각되었다.

3. 국제금융시장론의 포괄 범위

◆ **국제금융시장론은 국제금융시장의 개념, 가격결정 원리, 거래 메커니즘 및 그 활용방안을 포괄해야 한다.**

- 따라서 독자가 국제은행시장, 국제채권시장, 국제주식시장 및 세계 외환시장의 개념, 메커니즘 및 그 활용방안을 이해하고 활용할 수 있도록 필요한 내용을 제시해야 한다.

◆ **또한 국제금융시장의 동향을 분석하고 향후 전개방향을 전망함은 물론 그 전망에 기초하여 향후 리스크 발생방향을 예측할 수 있도록 필요한 내용을 제시해야 한다.**

- 그러기 위해서는 우선 국제금융시장의 주요 가격변수인 금리(또는 채권가격), 주가, 환율의 결정요인을 이해해야 한다. 각 가격변수들이 정치경제 변수, 거시경제 변수 또는 지정학적 리스크 등에 어떻게 반응하는지를 논리적으로 이해하고 앞으로의 전개방향을 예측할 수 있어야 한다.
- 또한 이들 변수들간 상호관계를 이해해야 한다. 주가와 환율이 같은 방향으로 움직이는지 다른 방향으로 움직이는지 또는 이자율과 환율이 어떠한 관계를 보

이는지 등을 관찰하고 이해함으로써 앞으로의 방향을 예측하고 이에 대비할 수 있다.

◆ **국제금융시장은 금리, 주가, 환율 등 가격변수가 끊임없이 변동하며 그 변동성 또한 불규칙적이다. 이에 따라 보유하고 있는 금융자산이나 부채의 가치가 변동하여 언제든 원하지 않는 손실이 발생할 수 있다. 이에 따라 보유 금융자산 및 부채의 리스크 관리방안을 이해해야 한다.**

- 우선, 국제금융시장 가격변수의 가치변동으로 발생할 수 있는 보유자산 또는 부채의 전체적인 손실가능성을 이해해야 한다. 이 부분은 VaR(Value at Risk)에 대한 이해를 통해서 국제금융시장 가격변수의 가치변화로 인해 유발될 수 있는 최대 손실 가능성을 통계적으로 추정하고 그 대응방안을 강구할 수 있다.
- 금융시장별 자산 및 부채 각각에 대해서는 시장금리 또는 환율 등 가격변수의 등락이 자산가치의 변동을 초래하는 원리를 이해하고 그 리스크 관리방안으로 파생상품 등을 통한 헤지 방안을 이해할 필요가 있다. 한 예로 이자율의 상승 또는 하락 리스크에 대비하는 방안으로서 금리선물, 금리스왑, 금리옵션 등을 이용한 헤지 방안을 제시할 수 있어야 하고, 환율의 상승

또는 하락 리스크에 대비하는 방안으로서 선물환, 외환스왑, 통화옵션 등을 통한 헤지 방안을 제시할 수 있어야 한다.

◆ **끝으로 국제금융시장의 전반적인 동향분석 및 이를 바탕으로 한 포트폴리오 운용전략의 수정방안에 대한 이해가 필요하다.**

- 국제금융시장은 한편으로 각 시장이 각각 여러 요인들에 의해 영향을 받아 변동하지만 다른 한편으로는 각 시장이 상호 연관되어 움직이는 면도 있다. 이에 대해 이해를 한다면 향후 각 시장의 움직임과 시장들 간 상호 연관성을 예측할 수 있고 보유 포트폴리오의 운용전략 수정도 가능할 것이다.

  이와 관련하여 독자들은 한편으로 넓은 관점에서 각 시장의 작동원리에 대한 세부적인 이론을 이해해야 할 것이고 다른 한편으로는 국제금융시장에 영향을 미치는 정치경제적 요인 등 여러 요인들과 금융시장의 상호연계성 등에 대한 넓은 안목의 이해가 필요하다.

제2주

외환시장 I

1. 외환시장의 개념

◆ **외환시장**(foreign exchange market, FX market)**은 서로 다른 통화들이 거래되는 시장이며 환율은 서로 다른 통화들이 외환시장에서 거래될 때, 하나의 통화를 사고 다른 통화를 팔면서 두 통화가 교환되는 비율이다.**

■ 외환시장은 또한 한 통화의 수요와 공급이 균형을 이루면서 한 통화의 가격이 결정되는 장소이다.

◆ **현물환 시장**(Spot FX market)**과 선물환 시장**(Forward FX market)

■ 현물환(現物換) 시장 : 현물환이란 외환매매의 계약과 외환의 인수 또는 인도(delivery)가 동시(現)에 이루어진다는 의미이다.

• 그런데 외환매매의 계약과 외환의 인수 또는 인도가 동시에 이루어지는 것은 현실적으로 불가능하며 그 이유는 다음과 같다. 우선, 외환거래는 서로 다른 나라의 시장참가자간에 이루어지는 경우가 많기 때문에 시차를 감안할 필요가 있다. 또한 은행간 거래의 경우 거액 거래가 많은데 서로 상대방의 거래 요청에 대한 진위여부 확인, 각 기관 리스크 관리 차원에서의 거래내용 확인 절차 등이 필요하기 때문이다.

- 따라서 은행간 현물환 거래의 결제는 별도의 특약이 없는 한 거래계약 후 2영업일에 이루어지고 있으며 이는 시장의 관행으로 받아들여지고 있다.
- 그러나 특별한 경우에는 은행간 현물환 거래대금의 결제가 거래일 당일 또는 거래 후 1영업일에도 가능하다. 이 경우 결제가 시장의 관행에 비해 먼저 이루어지기 때문에 이를 결제의 선행으로 인식하고 그 앞선 기간에 해당하는 이자를 차감한 금액이 결제된다.
- 이상을 종합하면 현물환 시장에서는 외환의 매매거래 계약 후 그 대금의 결제가 2영업일($t+2$ business days) 이내에 이루어지며 외환의 매매거래 후 결제일은 거래일 당일, 거래 후 1영업일, 거래 후 2영업일의 3가지가 가능하다.

■ 선물환(先物換) 시장 : 선물환이란 외환매매의 계약이 외환의 인수 또는 인도(delivery)보다 먼저(先) 이루어진다는 의미이다. 선물환시장은 외환의 매매 거래 후 그 결제가 거래일로부터 2영업일이 경과한 후, 즉 거래 후 3영업일부터 결제가 이루어지는 시장이다.

2. 환율의 종류

◆ 현물환율과 선물환율

- 현물환율은 현물환시장에서 적용되는 환율이며 선물환율은 선물환시장에서 적용되는 환율이다.
  - 선물환율은 현물환율에 결제가 지연됨에 따른 이자를 가산하여 결정된다. 이 이자가 스왑포인트이다. 그러니까 선물환율은 현물환율 + 스왑포인트[1)]이다.

---

1) 스왑포인트는 외환시장에서 현물환을 매입(매도)하고 그 반대방향으로 선물환을 매도(매입)하는 두 개의 거래를 하나로 묶어서 거래하는 외환스왑의 거래가격이다. 일반적으로 현물환율보다 선물환율이 나중에 거래하는 환율이기 때문에 현물환율에 일종의 이자 성격인 스프레드를 더해서 선물환율이 결정되는 구조이다. 즉, 선물환율=현물환율+스왑포인트이고 따라서 스왑포인트=선물환율−현물환율이 된다.
이 스왑포인트는 외환시장 가운데 외화를 차입하는 시장, 즉 외화자금시장의 자금사정인 외화차입여건을 나타낸다. 우리나라의 외화자금시장에서 외화를 차입할 때 이자인 스왑포인트는 원화이자의 성격과 외화(달러화) 이자의 성격이 함께 반영되어 최종적으로 원화기준 스왑포인트로 호가된다. 예를 들어 원달러 현물환율이 현재 1달러가 1,000원일 경우 3개월 원달러 스왑포인트가 1원으로 호가되었다고 가정하자. 이는 곧 3개월간 1달러를 주고 원화를 1,000원 받아 사용한 후 3개월 후에 1달러를 받고 1,001원을 지급한다는 의미이다. 다시 말해 1달러를 담보로 1,000원을 3개월간 차입하여 사용한 후 이자로 1원을 지급하는 것과 같다. 이를 연율 이자율로 환산하면, (1÷1,000)÷3×12=0.4%가 된다. 이것을 스왑레이트라고 부른다.
만일 외화자금시장에서 달러를 차입하는 여건이 악화된다고 상상해보자. 달러화 차입수요가 증가하여 달러화 차입에 따르는 달러표시 이자율이 상승해야 한다. 그런데 우리나라 외환스왑시장에서는 이 이자금액이 원화로

◆ 교차환율(Cross exchange rate)과 재정환율(Arbitrage exchange rate)

■ 재정환율의 산출 : 재정환율은 2개의 다른 교차환율을 이용하여 산출된다.

- 우리나라의 경우 원화와 일본 엔화가 직접 교환되는 외환시장이 없다. 그런데 일본과의 교역 등에서 원화와 엔화의 환율은 필요하다.
  이 경우 두 통화에 공통적으로 달러화를 개재시키면 원/달러 환율과 엔/달러 환율을 이용하여 원/엔 환율을 구할 수 있다. "(원/달러)/(엔/달러)=원/엔"이 된다.
- 앞에서 보듯이, 기존의 원/달러 환율을 엔/달러 환율로 나누어 원/엔 환율을 구할 수 있다. 여기서 원/달러 환율과 엔/달러 환율이 상호 교차(cross)되어 재정환율인 원/엔 환율이 구해지는 것이다. 따라서 재정환율을 구하기 위해 서로 교차시켜 사용되는 두 개의 환율이 교차환율이고 그로 인해 얻어지는 환율이 재정환율이다.

표시되고, 이 원화이자 금액을 연율 이자율로 환산한 것이 스왑레이트이다. 따라서 달러이자를 더 지급해야 하는데 이자금액이 원화기준으로 표시되기 때문에 원화이자를 덜 지급하면 되고 원화이자금액으로 표시되는 스왑포인트가 감소하며 이에 따라 스왑레이트도 하락한다. 외화자금사정이 악화되어 외화차입여건이 어려워지면 스왑레이트가 하락하는 이유를 이해할 수 있다.

■ 재정환율의 왜곡 효과 : 재정환율은 때에 따라 외환시장을 왜곡하는 효과를 초래할 수 있다.

- 재정환율의 결정 메커니즘으로 "원/엔=(원/달러)/(엔/달러)"의 관계식을 이용하여 이 문제를 살펴보자.
  만일 엔/달러 환율이 상승하고 원/달러 환율에 변동이 없다면 재정환율로 계산되는 원/엔 환율이 하락한다. 분자는 그대로인데 분모의 상승{(엔/달러)↑}으로 재정환율의 값이 하락{(원/달러)/(엔/달러)↑}↓하기 때문이다. 원화의 가치는 달러화에 대해 변동이 없는 상황에서 엔화가 예를 들어 소위 "아베노믹스"에 의해 달러화에 대해 약세가 됨에 따라 원화의 가치가 엔화에 비해 상승하는 결과가 초래되는 것이다.
- 만일 원화와 엔화가 직접 거래되는 시장이 존재한다면 원화의 가치가 재정환율의 메커니즘에 의해 엔화에 비해 불필요하게 상승하는 현상은 없을 것이다.

◆ 명목환율, 실질환율, 명목실효환율, 실질실효환율 그리고 달러인덱스(Nominal, Real, Nominal Effective and Real Effective Exchange Rates and Dollar Index)

■ 명목환율(Nominal Exchange Rate, E) : 명목환율은 일상생활에서 접하는 통상적인 환율이다. 우리가 일상생활에서 말하는 환율은 특별히 다른 조건이 없으면 명목환율을 의미한다.

- 명목환율은 아래와 같이 표시한다.

$$E = Won/Dollar \text{ 또는 } Dollar/Euro$$

- 미 달러화(또는 달러)는 세계의 기축통화이다. 따라서 다른 나라 통화의 가치는 기축통화인 1달러를 얻기 위해 그 나라 통화를 몇 단위 줘야 하는 지로 표시된다. 통상 환율을 표시할 때 달러화가 분모에 위치하는 이유이다.
- 다만, 예외적으로 유로화와 영국의 파운드화는 분모에 위치하며 달러화를 분자에 놓는 것이 시장의 관행이다.

■ 실질환율(Real Exchange Rate, RE) : 경제학에서 실질가치는 명목가치를 물가로 나눈 값이다. 실질환율도 명목환율을 물가로 나누어 구할 수 있다.

- 실질환율은 아래와 같이 표시할 수 있다.

$$RE = (Won/P_{Won})/(Dollar/P_{Dollar})$$

P_{Won}: 한국의 물가, P_{Dollar} : 미국의 물가

■ 실효환율(Effective Exchange Rate) : 환율은 한나라의 순수출(수출−수입)에 중요한 영향을 미친다. 이러한 관점에서 우리 원화와 우리나라 주요 교역상대국 통화들과의 환율을 종합적으로 감안한 수치를 산출하여 이를 통해 우리나라 교역여건을 분석할 수 있다. 이 수치는 우리나라 교역에 유효한 영향을 미치는 환율이라는 의미를 갖는다.

- 명목실효환율(nominal effective exchange rate)은 원화와 우리나라와 주요 교역상대국들 통화와의 명목환율을 기준으로 산출된다.
- 실질실효환율(real effective exchange rate)은 원화와 우리나라와 주요 교역상대국들 통화와의 실질환율을 기준으로 산출된다.

■ 실효환율지수(Effective Exchange Rate Index) : 환율을 나타낼 때, 일반적으로 달러화를 분모에 그리고 다른 통화들을 분자에 표시한다. 원/달러 환율이 상승하면 달러화의 가치는 상승을, 원화의 가치는 하락을 나타낸다.

따라서 달러화와 원화의 가치 변화 추이를 하나의 그래프 안에서 같은 방향으로 분석하기 위해서는 원화의 실효환율수치를 계산할 때 원화를 분모에, 다른 통화를 분자에 위치시키면 된다.

이렇게 하면 달러지수의 상승이 달러화의 가치 상승을 보여주듯이 원화의 실효환율수치 상승도 원화의 가치 상승을 보여주기 때문에 달러화와 원화의 가치 변동을 같은 방향으로 분석할 수 있다.

원화를 분모에 위치시킨 실효환율수치의 출발점을 100으로 놓으면 그 수치가 100보다 높을 때 원화의 가치가 기준시점보다 상승한 것이고, 그 수치가 100보다 낮을 때 원화의 가치가 기준시점보다 하락한 것이다. 이를 실효환율지수라 한다. 또한 수시로 변동하는 이 지수의 상승은 원화가치의 상승을, 이 지수의 하락은 원화가치의 하락을 의미한다.

- 명목실효환율지수(nominal effective exchange rate index, *NEERI*)는 원화와 우리나라와 주요 교역상대국들 통화와의 명목환율에 이들 국가와의 교역가중치를 부여하여 산출한다.
- 실질실효환율지수(real effective exchange rate index, *REERI*)는 명목실효환율지수를 구매력평가지수(purchasing power parity index, *PPI*)로 나누어 산출한다.

$$NEERI = \frac{\Pi(ER_{it}/ER_{io})^{W_{it}}}{(KER_t/KER_o)} \times 100$$

$$= \Pi(WER_{it}/WER_{io})^{W_{it}} \times 100$$

$$REERI = \frac{NEERI}{PPI} \times 100$$

$$PPI = \frac{\Pi(FPI_{it}/FPI_{io})^{W_{it}}}{(KPI_t/KPI_o)} \times 100$$

$$= \Pi\frac{(FPI_{it}/KPI_t)^{W_{it}}}{(FPI_{io}/KPI_o)^{W_{it}}} \times 100$$

W_i: i 국가의 교역 가중치, ER_i: i 국가 통화의 대미달러 환율,
KER: 원화의 대미달러 환율, WER: i 국가 통화의 원화 대비 환율,
FPI_i: i 국가의 물가지수, KPI: 한국의 물가지수,
아래첨자 t: 비교시점, 아래첨자 o: 기준시점

■ 달러지수(Dollar Index) : 달러지수는 달러화의 가치를 미국의 주요 교역상대국 통화 대비로 나타내는 지수이다.

- 달러지수 값은 주요 교역상대국 통화에 대한 달러의 가치를 각각의 가중치로 기하평균한 값(weighted geometric mean)이다. 달러지수 산출에 사용되는 통화들의 가중치는 다음과 같다. 유로화 57.6%, 엔화 13.6%, 파운드화 11.9%, 캐나다 달러화 9.1%, 등이다.
- 달러지수는 1973년 3월수치를 100으로 시작하였으며 이 지수가 상승하면 달러화 가치가 기준시점 대비 상승하였음을, 즉, 기준시점보다 달러가 강세임을 의미한다.

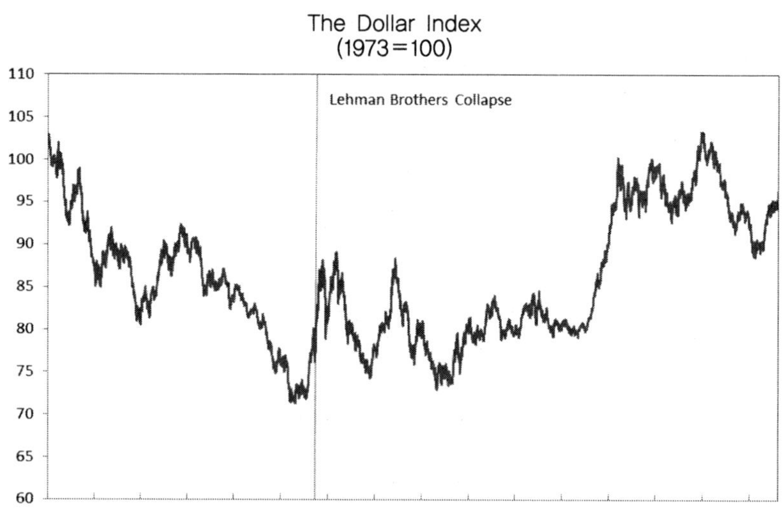

3. 환율의 변동에 따른 통화가치 평가

◆ **변동환율제도**(free floating exchange rate regime) **하에서의 환율 변동 : 통화가치 하락**(depreciation), **통화가치 상승**(appreciation)

■ 통화가치 하락(depreciation) : 통화가치 하락은 한 나라 통화의 가치가 시장의 수요와 공급에 의해 하락하는 것을 말한다. 외환시장에서 한 나라 통화의 수요에 비해 공급이 상대적으로 더 증가하면 이 통화의 가치가 하락한다. 경제학의 기본원리인 수요와 공급의 법칙에 따른 당연한 결과이다.

- 원/달러 환율의 상승은 1달러를 얻기 위해 더 많은 원화가 필요함을 의미한다. 이는 곧, 원화 가치의 하락(depreciation)과 달러화 가치의 상승(appreciation)을 의미한다.

■ 통화가치 상승(appreciation) : 통화가치 상승은 한 나라 통화의 가치가 시장의 수요와 공급에 의해 상승하는 것을 말한다. 외환시장에서 한 나라 통화의 수요가 공급에 비해 상대적으로 더 증가하면 이 통화의 가치가 상승한다. 이 또한 경제학의 기본원리인 수요와 공급의 법칙에 따른 당연한 결과이다.

- 원/달러 환율의 하락은 1달러를 얻기 위해 더 적은 원화

가 필요함을 의미한다. 이는 곧, 원화 가치의 상승(appreciation)과 달러화 가치의 하락(depreciation)을 의미한다.

◆ **고정환율제도**(fixed exchange rate regime) **하에서의 환율 변동 : 평가절하**(平價切下, devaluation)**과 평가절상**(平價切上, revaluation)

- 평가절하(devaluation) : 평가절하는 외환당국(정부 또는 중앙은행)의 의도적이고 인위적인 조치에 의해 한 나라 통화의 가치가 하락하는 것을 의미한다. 외환당국이 자국통화의 가치(평가, 平價)를 떨어뜨리기 위해 자국통화와 달러화 사이의 고정환율을 상향조정하여 발표한다.
- 평가절상(revaluation) : 평가절상은 외환당국(정부 또는 중앙은행)의 의도적이고 인위적인 조치에 의해 한 나라 통화의 가치가 상승하는 것을 의미한다. 외환당국이 자국통화의 가치(평가, 平價)를 올리기 위해 자국통화와 달러화 사이의 고정환율을 하향조정하여 발표한다.

◆ **환율 수준의 평가 예시**

- 명목환율 : 명목환율인 원/달러 환율이 상승하면 1달러를 매입하기 위해 전에 비해 더 많은 원화를 지불

해야 한다. 이는 곧 달러화의 명목가치 상승과 원화의 명목가치 하락을 의미한다.
명목환율인 원/달러 환율이 하락하면 1달러를 매입하기 위해 전에 비해 더 적은 원화를 지불하게 된다. 이는 곧 달러화의 명목가치 하락과 원화의 명목가치 상승을 의미한다.

■ 실질환율 : 원/달러 실질환율 $\{(Won/P_{Won})/(Dollar/P_{Dollar})\}$이 상승하면 이는 달러화의 실질가치 상승과 원화의 실질가치 하락을 의미한다. 이는 곧 한국에서 제조된 동일품질 제품의 원화표시 가격이 미 달러화 기준으로 더욱 저렴해지고 한국 제품의 수출경쟁력이 개선됨을 의미한다.
원/달러 실질환율 $\{(Won/P_{Won})/(Dollar/P_{Dollar})\}$이 하락하면 이는 달러화의 실질가치 하락과 원화의 실질가치 상승을 의미한다. 이는 곧 한국에서 제조된 동일품질 제품의 원화표시 가격이 미국 달러화 기준으로 더욱 비싸지고 한국 제품의 수출경쟁력이 악화됨을 의미한다.

■ 명목환율과 실질환율의 동시 관찰

- 원화의 미 달러화에 대한 실질환율은 아래와 같이 표시된다.

$$RE = \left\{ \frac{(Won/P_{Won})}{(Dollar/P_{Dollar})} \right\} = \left\{ \frac{(Won/Dollar)}{(P_{Won}/P_{Dollar})} \right\}$$

$$RE = \frac{E}{(P_{Won}/P_{Dollar})} = E \cdot (P_{Dollar}/P_{Won})$$

$$\dot{RE} = \dot{\left\{E \cdot (P_{Dollar}/P_{Won})\right\}}$$

$$\dot{RE} = \dot{E} + \dot{P}_{Dollar} - \dot{P}_{Won}$$

예시 1

- 만일 원/달러의 명목환율이 2% 상승하고 미국의 인플레이션이 3%이며 한국의 인플레이션이 5%이면, 즉, 한국의 인플레이션이 미국의 인플레이션에 비해 2%p 높을 때 원/달러의 명목환율이 2% 상승하면 어떤 결과가 초래될까?

  이 경우는 한국의 인플레이션이 미국의 인플레이션에 비해 2%p 높은 만큼 원화의 명목가치가 달러화에 비해 하락하였다. 따라서 양국의 통화는 서로 다른 인플레이션 발생 후에도 동일한 구매력을 보유하게 되고 상대적 구매력평가[2]가 성립한다(The relative purchasing power parity holds).

---

2) 구매력평가(purchasing power parity)에는 두 가지가 있다. 하나는 절대적 구매력평가이고 다른 하나는 상대적 구매력평가이다.
절대적 구매력평가(absolute purchasing power parity)는 한 시점에서 양국 통화의 구매력이 같으려면 일물일가의 법칙을 감안할 때, 물가가 높은 국가통화의 환율이 그만큼 높아야 한다는 것이다. 예를 들어 동일 재화 A의 한국

한국과 미국이 동질의 제품 A를 생산한다고 가정하고, 수치를 사용하여 구체적인 예를 들어 보자.

t년도에(Y_t) 원/달러의 명목환율($Won/Dollar$)이 1,000이다. 재화 A의 한국가격이 1,000Won($P_{A,Korea}$=1,000 Won), 재화 A의 미국가격이 1Dollar($P_{A,USA}$=1Dollar)이다.

$$E = 1{,}000$$
$$P_{A,Korea} = 1{,}000\text{Won}$$
$$P_{A,USA} = 1\text{Dollar}$$

$t+1$년도에(Y_{t+1}) 원/달러의 명목환율($Won/Dollar$)이 1,020(E=1,020), 재화 A의 한국가격이 1,050Won($P_{A,Korea}$ =1,050Won), 재화 A의 미국가격이 1.03Dollar($P_{A,USA}$= 1.03Dollar)이다.

가격이 1,000원이고 미국 가격이 1달러이면, 일물일가의 법칙에 의해 동일 재화의 가격을 나타내는 1000원과 1달러는 같은 가치를 나타낸다. 따라서 양국 통화의 교환비율인 명목환율은 1달러는 1,000원이어야 한다. 즉, 원/달러 환율은 1,000일 때 절대적 구매력평가가 성립한다.

상대적 구매력평가(relative purchasing power parity)는 일정기간 양국의 인플레이션이 서로 다를 때, 양국 통화의 구매력이 같으려면 일물일가의 법칙에 의해 물가가 많이 상승한 국가 통화의 명목환율이 그만큼 높아져야 한다는 것이다. 예를 들어 동일 재화 A의 한국가격이 1,000원이고 미국 가격이 1달러이었으나 1년 동안 한국의 물가가 미국에 비해 2%p만큼 더 상승했다고 가정해 보자. 이 경우 한국의 명목거래 결제금액이 2%만큼 더 증가하기 때문에 한국의 통화량이 2%만큼 더 증가해야 한다. 이로 인해 한국의 명목환율이 2% 상승하면 동일한 양의 재화가 결제될 수 있고 두 시점의 물가차이를 반영한 상대적 구매력평가가 성립하는 것이다.

$E = 1{,}020$

$P_{A,Korea} = 1{,}050\text{Won}$

$P_{A,USA} = 1.03\text{Dollar}$

재화 A의 한국가격을 미 달러 기준으로 전환하면 $P_{A,Korea} = 1{,}050\text{Won} = 1{,}050/1{,}020 = 1.03\text{Dollar}$로서 미국의 가격과 일치한다. 따라서 상대적 구매력평가가 성립하고 재화 A의 한국 가격은 미국 가격과 동일하다.

예시 2

- 만일 원/달러 명목환율이 5% 상승하고 미국의 인플레이션이 3%이며 한국의 인플레이션이 5%이면, 즉, 한국의 인플레이션이 미국에 비해 2%p 높을 때 원/달러 명목환율이 5% 상승하면 어떤 결과가 초래될까?

이 경우는 원/달러 명목환율의 상승폭 5%가 한국과 미국의 인플레이션 차이 2%p보다 3%p 크다. 상대적 구매력평가가 성립하는 조건은 원/달러 명목환율이 양국의 인플레이션 차이 2%만큼 상승하는 것이다. 그런데 실제로 원/달러 명목환율은 양국의 인플레이션 차이 2%p보다 3%p 더 크게 5% 상승하였다. 따라서 원/달러 실질환율이 3% 상승했다. 달러화의 실질가치가 3% 높아졌고 원화의 실질가치가 3% 낮아진 것이다.

한국과 미국이 동질의 제품 A를 생산한다고 가정하고,

수치를 사용하여 구체적인 예를 들어 보자.
t년도에(Y_t) 원/달러의 명목환율($Won/Dollar$)이 1,000이다. 재화 A의 한국가격이 1,000Won($P_{A,Korea}$=1,000 Won), 재화 A의 미국가격이 1Dollar($P_{A,USA}$=1Dollar)이다.

E=1,000
$P_{A,Korea}$=1,000Won
$P_{A,USA}$= 1Dollar

$t+1$년도에(Y_{t+1}) 원/달러의 명목환율($Won/Dollar$)이 1,050(E=1,050), 재화 A의 한국가격이 1,050Won($P_{A,Korea}$=1,050Won), 재화 A의 미국가격이 1.03Dollar($P_{A,USA}$=1.03Dollar)이다.

E=1,050
$P_{A,Korea}$=1,050Won
$P_{A,USA}$= 1.03Dollar

재화 A의 한국가격을 미 달러 기준으로 전환하면 $P_{A,Korea}$=1,050Won=1,050/1,050=1.00Dollar이다. 재화 A의 한국가격 1.00달러가 재화 A의 미국가격 1.03달러에 비해 3% 저렴해졌다. 원/달러의 실질환율이 3% 상승함으로써 원화의 실질가치가 3% 하락하고 이는 곧, 달러화의 실질가치가 3% 상승한 것을 의미하며 한국재화의 가격경쟁력이 3% 높아진 것을 의미한다.

예시 3

- 만일 원/달러 명목환율이 1% 상승하고 미국의 인플레이션이 3%이며 한국의 인플레이션이 5%이면, 즉, 한국의 인플레이션이 미국에 비해 2%p 높은데 원/달러 명목환율이 1% 상승하는 데 그친다면 어떤 결과가 초래될까?

  이 경우는 원/달러 명목환율의 상승폭 1%가 한국과 미국의 인플레이션 차이 2%p보다 1%p 작다. 상대적 구매력평가가 성립하는 조건은 원/달러 명목환율이 양국의 인플레이션 차이 2%p만큼 상승하는 것이다. 그런데 실제로 원/달러 명목환율은 양국의 인플레이션 차이 2%p보다 1%p 더 작게 1% 상승하였다. 따라서 원/달러 실질환율이 1% 하락했다. 달러화의 실질가치가 1% 낮아졌고 원화의 실질가치가 1% 높아진 것이다.

  한국과 미국이 동질의 제품 A를 생산한다고 가정하고, 수치를 사용하여 구체적인 예를 들어 보자.
  t년도에(Y_t) 원/달러의 명목환율($Won/Dollar$)이 1,000이다. 재화 A의 한국가격이 1,000Won($P_{A,Korea}$ =1,000 Won), 재화 A의 미국가격이 1Dollar($P_{A,USA}$ =1Dollar)이다.

$$E=1{,}000$$
$$P_{A,Korea}=1{,}000\text{Won}$$
$$P_{A,USA}=1\text{Dollar}$$

$t+1$년도에(Y_{t+1}) 원/달러의 명목환율($Won/Dollar$)이 1,010(E=1,010), 재화 A의 한국가격이 1,050Won($P_{A,Korea}$ =1,050Won), 재화 A의 미국가격이 1.03Dollar($P_{A,USA}$= 1.03Dollar)이다.

E=1,010
$P_{A,Korea}$ =1,050Won
$P_{A,USA}$ = 1.03Dollar

재화 A의 한국가격을 미 달러 기준으로 전환하면 $P_{A,Korea}$=1,050Won=1,050/1,010=1.04Dollar이다. 재화 A의 한국가격 1.04달러가 재화 A의 미국가격 1.03달러에 비해 1% 비싸졌다. 원/달러의 실질환율이 1% 하락함으로써 원화의 실질가치가 1% 상승하고 이는 곧, 달러화의 실질가치가 1% 하락한 것을 의미하며 한국재화의 가격경쟁력이 1% 낮아진 것을 의미한다.

- 시사점

첫째, 원/달러 명목환율이 절하되더라도 양국의 물가수준을 감안한 원/달러 실질환율은 절상될 수 있음을 보았다. 따라서 환율자료를 이용해서 한 나라 경제의 수출경쟁력 등을 분석할 경우 명목환율이 절하되었다고 해서 항상 그 나라 수출경쟁력이 개선되었음을 의미하지는 않는다는 점에 유의해야 한다.

데이터의 습득[3)]이 가능한 한 실질환율을 이용한 분석을 함께 할 필요가 있다. 명목실효환율지수와 실질실효환율지수도 이 지수가 상승할 경우 분모에 있는 통화의 가치가 상승했음을 의미하지만 역시 물가상승률의 차이에 따라 명목실효환율지수와 실질실효환율지수가 다른 방향의 시그널을 줄 수 있음에 유의해야 한다.

둘째, 원/달러 명목환율의 절하와 실질환율의 절하는 그 의미하는 바가 다르다. 명목환율의 절하는 원화의 가치가 하락하는 것을 의미한다. 한편 실질환율의 절하는 한국과 미국에서 제조되는 동일한 품질의 제품 중 한국에서 제조되는 제품의 달러표시 가격이 하락하여 수출경쟁력이 높아지는 것을 의미하는 점이 다르다.

3) 명목환율은 real-time으로 관찰이 가능하지만 실질환율은 명목환율을 물가상승률만큼 deflate해야 산출이 가능하다. 이 경우 어느 지표를 물가상승률로 사용하느냐에 대해 학자들 간에 차이가 있다. 또한 물가상승률지표를 습득하는 데에는 상당한 시차가 있다. 따라서 과거의 data를 가지고 환율을 분석할 때에는 실질환율에 의해 분석이 가능하지만 외환당국이 그 때 그 때의 적시성 있는 외환시장 분석을 할 때에는 실질환율을 real-time으로 산출할 수 없는 한계가 있어서 명목환율을 이용한다. 이 경우 그 해석에 신중을 기할 필요가 있다.

4. 환율의 결정 요인(Determinants of the Exchange Rate)

$$E = f(M, \pi, Y, i - i^*, CA, KA, \cdots)$$

M: 통화량, π: 인플레이션, Y: 경제성장률, $i - i^*$: 내외금리차,
CA(Current Account): 경상수지, KA(Capital Account) : 자본수지

◆ **통화량과 인플레이션 : 한 나라의 통화량이 생산량에 비해 더 빠르게 증가하면 이 나라의 물가수준이 상승한다. 그리고 이로 인한 인플레이션만큼 이 나라 통화의 구매력이 하락한다. 이는 곧 이 나라 통화의 명목환율이 상승하는 가치하락(depreciation)을 의미한다.**

- 만일 명목환율의 상승(가치하락, depreciation) 폭이 인플레이션 폭보다 작으면 이 나라 통화가치는 실질환율 기준으로 상승(appreciation)하게 됨을 앞에서 살펴보았다.

◆ **GDP data : GDP는 가장 중요한 거시경제 변수이다. 따라서 GDP 통계가 발표되면 환율이 즉각 이에 따라 반응하게 된다. GDP 데이터의 발표에 따른 환율의 반응은 3단계로 분석하고 이해할 필요가 있다.
여기서 3단계란 긍정적인 데이터, 새로운 정보, 위험선호 또는 위험회피(RO-RO, Risk on-Risk off)의 단계별 이**

해를 말한다. 미국의 GDP 데이터 발표 이후 달러화 가치의 반응을 예로 들어서 설명하겠다.

- 1단계, 긍정적인 데이터 : 양호한 미국의 GDP 데이터는 미 달러화의 강세를 유발할 것으로 생각할 수 있다. 미국의 GDP 데이터가 좋으면 미국 자산의 가치상승이 기대되고 이에 따른 미국자산에 대한 수요증가로 미 달러화에 대한 수요증가가 예상되기 때문이다. 그러나 이러한 추론이 항상 성립하는 것은 아니다. 그 이유는 시장변수들은 현시점의 경제 데이터 자체에 반응하는 것이 아니라 그 데이터가 함축하고 있는 향후의 기대에 반응하기 때문이다. 다시 말하면, 시장변수들은 새로운 정보(news)에 반응하지 기존의 이미 알려진 정보에 반응하지 않는다는 것이다.
- 2단계, 새로운 정보(news) : 시장변수들은 새로운 정보(news)에 반응한다. 이미 공개된 정보(public informations)는 시장변수들에 벌써 반영되었기 때문이다. 만일 미국의 GDP 데이터가 양호하고 동시에 기존의 기대치를 상회하면 시장참가자들은 미국 경제에 대해 보다 더 낙관적인 평가를 하게 되고 이에 따라 미국자산을 매입할 것이다. 미국자산의 매입에 필요한 미 달러화의 수요증가로 인해 미 달러화의 가치는 상

승하게 된다.

만일 미국의 GDP 데이터가 양호한 수준이기는 하지만 기존의 기대치보다 낮은 경우에는 시장참가자들이 향후 미국 경제에 대해 비관적인 태도를 보이면서 미국 자산을 매도하게 될 것이다. 달러화에 대한 수요의 상대적인 감소에 따라 미 달러화 가치는 하락하게 된다.

■ 3단계, 시장의 전반적인 위험선호 또는 위험회피(Risk-On & Risk-Off, R-O & R-O) : 2008년에 발발한 글로벌 금융위기 이후 시장참가자들은 경제변수들에 대해 새로운 행태의 반응을 보였으며 이를 금융시장에서는 "Risk-On & Risk-Off"로 부르게 되었다.

• 글로벌 금융위기 이후 시장참가자들은 세계 경제가 언제쯤 회복을 시작할 지에 관심을 집중하게 되었다. 이러한 상황에서 세계 주요국들의 경제지표가 호전되고 이어서 미국의 경제지표도 호전되는 양상을 보였다. 이에 시장참가자들은 이제 세계 경제가 위기에서 벗어나기 시작하는 것으로 기대하였다.

시장참가자들이 상대적 고수익을 기대하면서 안전통화인 미 달러화를 팔고 상대적으로 고수익이 기대되는 호주달러화 등을 사는 현상이 발생한 것이다. 즉, 미국 GDP 성장률이 예상보다 양호한 경우에 미 달러화를 팔고 호주 달러화 등을 사면서 미 달러화가 약세를 보인 경우가 발생한 것이다.

전통적인 경제학 이론과는 반대되는 이러한 현상이 수차례 나타나면서 시장에서는 이를 시장참가자들이 개별국가의 경제지표 보다는 시장 전체적인 리스크에 우선 반응하여 리스크 자산을 취하는 행태인 "Risk-On"으로 이해하게 되었다.

- 물론 반대의 경우는 "Risk-Off"로 이해되었다. 세계 경제가 회복되는 것으로 기대하였다가 주요국의 경제지표에 이어 미국의 경제지표도 예상보다 부진한 경우 아직은 세계경제의 회복이 불확실한 것으로 판단된다는 것이다. 안전자산을 매입하게 되는데 미 달러화가 안전자산이니까 미국의 경제지표가 예상보다 안 좋은 상황에서 미 달러화를 매입하고 따라서 미 달러화는 강세가 된다는 것이다.
- The Great Rotation : 최근에는 Risk-On과 Risk-Off가 시장용어(market jargon)로서 자주 사용된다. 시장참가자들의 행태가 개별국가들의 경제지표 보다 글로벌 시장리스크에 우선적으로 반응하는 것으로 바뀌는 현상을 Risk-On 또는 Risk-Off로 부른다. Risk-Off에서 Risk-On로 변하는 경우를 great rotation이라 부르고 반대방향의 변화를 reverse great rotation으로 부른다.

◆ **이자율 차이**(Interest rate differential) **: 한 나라의 이자율이 상승할 때 다른 나라들의 이자율이 종전 수준을 유지하면, 이자율 차이(국내 이자율 i − 해외 이자율 i^*)가 확대된다. 이러한 이자율 차이의 확대 효과는 채권시장 경로와 주식시장 경로의 양면으로 살펴야 한다.**

- 채권시장 경로 : 채권시장에서, 이자율의 상승은 두 가지 다른 효과를 가져온다. 첫째는 채권이 새로 발행될 때 상승한 이자율을 반영할 것이므로 기존의 채권에 비해 이자수입(coupon interest income)이 증가한다. 둘째는 기존에 발행된 채권의 경우 발행금리보다 앞으로의 시장금리가 높아질 것이므로 이들 채권 보유자들은 잠재적으로 자본손실의 가능성(potential capital loss possibility)을 갖게 된다. 따라서 채권투자 전략은 향후 이자율의 상승 가능성이 1회에 그칠 것으로 예상되는 경우와 수차례 인상이 예상되는 경우 달라야 할 것이다.

  - 이자율 1회 상승 예상 : 이자율이 당분간 1회 상승에 그칠 것으로 예상되는 경우에는, 새로 발행되는 채권이 이자율 상승을 반영하여 기존의 채권보다 높은 이자를 지급할 것이다. 또한 당분간 추가적인 금리 상승이 예상되지 않으므로 이 채권을 매입할 경우 자본손실의 가능성을 우려할 필요가 없다.

따라서 이 채권에 대한 수요 증가로 인해 채권시장으로의 자본유입이 예상된다. 이는 곧 우리나라 채권의 매입을 위한 외화유입의 증가를 의미하고 이에 따른 외화 공급의 증가는 원화가치의 상승, 즉, 원/달러 환율의 하락 요인이다.

- 이자율 수차례 상승 예상 : 이자율이 어느 기간 동안 수차례 상승할 것으로 예상되는 경우에는 다음의 두 가지를 함께 고려해야 한다. 첫째는 새로이 발행되는 채권의 이자수입이 종전의 채권에 비해 많은 긍정적인 측면이다. 둘째는 향후 이자율이 추가적으로 상승할 경우 이 채권들이 자본손실의 가능성을 가지고 있다는 부정적인 측면이다. 따라서 이 경우 채권투자가들은 이자수입이 증가하는 긍정적인 측면과 자본손실의 가능성이 갖는 부정적인 측면을 모두 고려하여 어느 효과가 클 것인지를 잘 살펴야 할 것이다.

■ 주식시장 경로 : 주식시장에서는 이자율의 상승이 두 가지 다른 신호로 해석될 수 있다. 첫째는 이자율의 상승으로 기업의 향후 자금조달 비용이 상승하는 부정적인 효과이다. 둘째는 이자율의 상승이 이 나라 경제에 대한 긍정적인 신호로 해석될 수 있다는 것이다.

- 이자율의 상승하면 기업들의 향후 차입비용이 증가한다. 이는 곧 기업 투자의 감소요인이고 경제성장의 둔화요인

이다. 예를 들어 외국인이 우리나라 주식투자를 줄이면 그 회수자금을 달러화로 바꾸어 나갈 것이고(역송금, repatriation), 원/달러 환율은 상승할 것이다.

그러나 외국인들이 우리나라 이자율의 상승을 우리 경제에 대한 긍정적인 신호로 해석하면 오히려 우리나라 주식의 매입을 늘릴 것이고 이에 따른 외화 유입으로 원/달러 환율은 하락할 수 있다. 이러한 상황은 특히 우리나라 중앙은행이 통화긴축을 위해 기준금리를 인상하는 경우, 외국인들이 이를 한국은행이 우리 경제의 회복에 대한 확신을 기초로 통화긴축 조치를 했다고 판단할 때 가능하다.

이 경우 외국인들은 우리나라 경제의 회복에 강한 기대를 갖게 되고 이를 바탕으로 우리나라 주식을 매입할 것이다. 이에 따른 외화유입으로 원화의 가치는 상승하게 된다.

- 이자율의 하락이 주가에 미치는 영향도 시장참가자의 반응에 따라 달라질 수 있다.

  우선, 이자율의 하락이 기업들의 향후 차입비용 감소요인임을 중시하면 이는 곧 기업 투자의 증가요인이고 경제성장의 촉진요인이다. 예를 들어 외국인이 국내 주식투자를 늘리면 국내 외환시장에 달러화의 유입이 증가하고 원/달러 환율은 하락하게 된다. 그러나 외국인들이 우리나라 이자율의 하락을 경제부진이 심각한 신호로 받아들이면 오히려 우리나라 주식을 매도하고 그 대금을 역송금함에 따라 원/달러 환율이 상승할 수 있다.

이러한 상황은 특히 한 나라의 중앙은행이 경제성장을 촉진하거나 또는 금융시장의 불안정성을 완화하기 위해 금리를 전격적으로 인하하는 경우[4]에 시장참가자가 어느 쪽으로 반응을 보일지를 신중히 살펴보아야 함을 의미한다.

■ 이자율차와 자본유입 관련 통계검증(empirical test)의 한계

- 내외금리차의 확대는 자국통화 가치의 상승, 즉, 원화절상을 초래할 수 있다. 그러나 경우에 따라 통계검증 결과 인과관계를 설명할 수 없는 경우도 발생한다. 왜 그럴까? 대표적인 이유로서 채권시장과 주식시장에서 반대방향으로 자본유출입이 발생하여 그 효과가 상쇄되는 경우를

---

4) 2020.3.3. 미 연준이 코로나19 사태로 인한 금융시장의 불안정성을 완화하고 경제에 활력을 불어 넣기 위해 임시회의를 통해 정책금리를 0.5%p 인하하였는데 미 달러화는 약세*를 보였다. 그 이유는 다음과 같은 요인에서 찾을 수 있다. 첫째, 연준의 긴급 금리인하 및 추가 인하 기대 등으로 인한 통화량 증가 예상은 달러화 약세요인이다. 둘째, 연준이 이례적으로 2008년 10월 이후 처음으로 임시회의를 통해 전격적으로 정책금리를 대폭(0.5%p) 인하한 것은 그만큼 코로나19 사태가 예상보다 심각한 상황임을 확인한 것으로 인식되었다. 이에 따라 연준이 진정시키려던 시장의 불안심리가 오히려 부각됨으로써 위험자산인 미국 주식에 대한 수요감소가 예상되었고 이는 달러화의 약세요인으로 작용하였다.

* Dollar Index : 2020.3.2. 97.36 → 3.3. 97.18로 하락

들 수 있다.
내외금리차가 확대될 경우 우리나라 채권의 이자수익이 높아질 것을 기대하고 채권시장에 외화자본이 유입될 수 있다. 물론 자본손실의 기대가 크지 않은 경우이다. 이러한 자본유입은 원화가치의 상승요인이다.
그러나 내외금리차의 확대가 기업의 차입비용 증가로 우리나라 주식시장에 부정적으로 영향을 미칠 수도 있다. 이 경우에는 우리나라 주식시장으로부터 자본의 유출이 발생하고 원화가치는 하락(원/달러 환율 상승)할 것이다. 만일 우리나라 채권시장과 주식시장에서 이와 같이 상반되는 현상이 발생하는 경우에는 두 상반되는 힘이 상쇄된 후의 환율 동향이 통계적으로 의미 있는 결과를 보여주지 못할 수도 있다. 위와 같은 현상은 우리가 환율을 분석할 때 내외금리차가 각각 채권시장과 주식시장에 서로 반대 방향으로 미치는 영향을 분리해낼 수 없기 때문에 발생한다.

◆ **경상수지와 자본수지**(Current Account and Capital Account) **: 경상수지와 자본수지를 통한 외화의 유입 증가는 우리나라 외환시장에서 외화의 공급과 원화의 수요 증가를 통해 원화가치의 상승, 즉, 원/달러 환율의 하락을 초래한다.**

- 경상수지는 주로 수출과 수입의 차이인 순수출(수출-수입)에 의해 발생한다.

- 한 나라의 순수출이 증가하면 경상수지 흑자가 확대되고 달러의 유입이 증가한다. 유입된 달러는 상당부분 원화로 환전되는 과정에서 달러의 매도와 원화의 매수가 발생하여 달러화 약세와 원화 강세가 유발된다.

■ 자본수지는 외국인의 자본투자(foreign capital investment)에 따른 외화유입에 주로 기인한다.

- 첫째 유형은 외국인이 우리나라 기업에 투자해서 제품을 생산하고 이들 기업의 경영에 참여하기 위한 투자이다. 이런 투자를 외국인 직접투자(foreign direct investment, FDI)라고 한다. FDI는 기업에 대한 투자이고 또한 장기적 투자이다. 따라서 FDI는 단기적으로 변동성이 크지 않다.
- 둘째 유형은 채권이나 주식을 매입하기 위한 증권투자(portfolio investment)이다. 투자한 채권이나 주식에서 목표수익을 얻으면 투자를 회수하고 돌아갈 수 있다. 따라서 증권투자는 FDI에 비해 단기적으로 변동성이 크다.
- 어쨌든 FDI나 증권투자를 통한 외화자본의 유입은 원화의 가치를 상승시키고 이에 따라 원/달러 환율이 하락한다. 반면에 외국인이 증권투자자금을 회수하여 본국으로 다시 보내는 역송금(逆送金, repatriation)이 발생하는 경우에는 역송금을 위한 달러화 매입 수요 증가로 달러화 가치가 상승하고 원/달러 환율은 상승한다.

■ 경상수지 적자는 자동적으로 자본수지 흑자로 보전되는가?

- 만일 한 나라의 경상수지 적자규모가 심각하지 않으면, 이 나라의 대외 지급능력이 의심받지 않을 것이기 때문에 국제 자본시장에서 외화를 조달하여 경상수지 적자를 메울 수 있다.

- 그러나 한 나라의 경상수지 적자가 지속적으로 누적되면 이 나라의 대외 지급능력이 의심받게 되고 이 나라는 외화를 쉽게 차입할 수 없다. 이 나라의 신뢰도'가 떨어질 것이고 이 나라의 해외 차입은 점점 어려워질 것이다. 이 경우, 경상수지 적자를 지급하기 위해 최종적으로는 이 나라의 외환보유액이 사용되어야 한다. 만일 외환보유액이 충분하지 않으면 이 나라는 외환보유액으로도 경상수지 적자를 지급할 수 없는 상황에 처하게 된다. 이때는 결국 국가의 지급불능 사태를 막기 위해 국제통화기금(International Monetary Fund, IMF)에 긴급 유동성 지원을 요청하게 된다. IMF로부터 유동성을 지원받게 되면 유동성을 지원해 준 대출자로서의 IMF 정책권고를 받아들여야 한다. 결국 이 나라는 경제정책을 IMF의 감독 하에 수행해야 하고 사실상 경제주권을 상실하는 것과 마찬가지의 상황이 된다.

◆ 환율에 영향을 미치는 정치적 요인들

- 지정학적 긴장(Geopolitical tension) : 지정학적 긴장이 고조되면, 시장참가자들은 보다 보수적인 투자 자세를 보이며 안전자산을 선호하게 된다. 외환시장에서는 달러화가 기축통화로서 대표적인 안전자산이므로 달러화에 대한 수요가 증가하고 달러화는 강세를 보인다.

- 국제정치적 합의(International political accord) : 소위 주요 5개국(Group of 5, G5 : 미국, 영국, 독일, 프랑스, 일본) 재무장관들이 1985년 미국 뉴욕의 플라자 호텔에서 독일 마르크화와 일본 엔화의 가치를 절상시키기로 합의하였다. 이것이 바로 소위 플라자 합의(so called the Plaza Accord)이다. 다음 그림에서 보는 바와 같이 이로 인해 엔/달러 환율이 급격히 하락하였고 엔화의 가치는 급격히 상승하였다.
  - 만일 앞으로 이와 유사한 국제정치적 합의가 있다면, 이러한 합의는 외환시장에서 해당 통화 환율의 중장기적 추세에 영향을 미칠 것이다.

자료: 한국은행

◆ 안전통화 논쟁(Debate over Safe Currency)

- 안전통화의 개념 : 안전통화란 국제금융시장의 위험이 커질 때 수요 증가로 인해 그 통화의 가치가 상승하는 통화를 말한다. 안전통화로 자주 거론되는 통화로는 미 달러화와 일본 엔화가 대표적이다.
  - 달러화는 세계의 기축통화로서 가장 대표적인 안전통화이다. 제2차 세계대전 이후 달러화는 세계의 기축통화 기능을 수행하고 있고 금값 또한 달러화 기준으로 표시되고 있다. 금값을 다른 통화로 표시할 때에는 일단 달러화 표시 금값을 확인한 후 달러화와 이들 통화와의 환율을 이용하여 이를 다시 다른 통화표시로 전환한다.

- 엔화도 안전자산이며 시장참가자들이 위험 회피적이 될 때 엔화가 강세를 보인다. 그러나 엔화의 안전자산 성격은 달러화와 다르며 그것은 엔화의 캐리 통화(carry trade currency) 성격으로부터 나온다.
  일본은 디플레이션 상황 하에서 저금리가 오래 지속되었고 엔화는 캐리통화로 사용되었다. 일본의 이자율이 낮고 일본 경제의 디플레이션으로 엔화 강세 가능성도 크지 않은 상황에서 투자가들은 일본보다 성장 가능성이 높은 나라의 자산에 눈을 돌렸다. 일본에서 저금리로 엔화를 차입하고 이 엔화를 성장 가능성이 높은 나라의 자산, 예를 들어 호주 국채 등에 투자하는 것이다.
  이 경우 예상대로 호주의 성장이 호조를 보이면 호주에서의 운용금리가 일본에서의 차입금리보다 높기 때문에 이자차익을 얻고 또한 호주의 경제 성장이 호조를 보임에 따라 호주 달러화가 강세를 보일 경우 환차익까지 얻게 된다. 이것을 캐리 트레이드라고 한다.
  그런데 만일 세계 경제 성장세가 부진하고 글로벌 금융시장의 위험이 증가하면 호주 같은 국가들의 성장호조 기대가 약화된다. 이 경우 앞에 설명한 캐리 트레이드의 반대 방향으로 거래가 일어나서 호주자산을 팔고 엔화 차입금을 상환하게 되며 외환시장에서는 호주 달러를 매도하고 일본 엔화를 매입하게 되므로 엔화가 강세를 보인다. 이와 같은 현상을 시장에서는 엔캐리 청산(unwinding of Yen carry)이라 한다. 글로벌 금융시장의 위험회피 성향이 증가할 때, 엔캐리 청산이 대량으로 발생하면 엔화의 강세가 일시적으로 큰 폭으로 일어나고 경우에 따라서는 달러화 강세 폭보다 클 때도 있다.

■ 엔화의 강세 폭이 달러화보다 큰 이유만으로 엔화가 달러화보다 안전통화라고 할 수 있는가?

- 엔화의 강세 폭이 달러화보다 큰 것이 딜러들의 달러화 매도와 엔화 매입에 기인한다면 엔화가 달러화보다 안전자산이라 말할 수 있을 것이다.
- 그러나 엔화의 강세 폭이 달러화보다 클 때, 그 원인이 엔캐리 청산에 의한 것이라면 엔화가 달러화보다 안전자산이라고 말할 수 없다는 것이 필자의 견해이다.

제3주

외환시장 Ⅱ

5. 환율제도(Exchange Rate Regime)

◆ **환율제도의 의의 : 환율제도란 환율의 관리유형을 말한다. 즉, 환율이 외환당국에 의해 결정되는 고정환율제도와 환율이 외환시장의 수요와 공급에 의해 변동하면서 결정되는 변동환율제도가 대표적이다. 각국은 고정환율제도와 변동환율제도 가운데 자국의 경제 여건에 적합한 환율제도를 채택해 사용하고 있다.**

- 고정환율제도(Fixed exchange rate regime) : 고정환율제도를 채택하면 자국통화의 가치가 다른 통화의 가치에 고정(peg)된다. 따라서 환율이 고정된 통화 기준으로 표시된다.
  - 예를 들면, 홍콩 달러(Hong Kong dollar, HK$) 가치는 미 달러에 고정되어 있고 거래도 1달러당 HK$7.75~HK$7.85의 좁은 범위 안에서 이루어진다.
- 자유변동환율제도(Free-floating exchange rate regime) : 자유변동환율제도에서는 자국통화의 거래 상대통화에 대한 가치가 시장에서의 수요와 공급에 의해 자유롭게 변동한다.
- 관리변동환율제도(Managed floating exchange rate regime, Dirty floating exchange rate regime) : 한 나라가 변동환율

제도를 채택한 상황에서, 외환당국이 외환시장에서 외화를 매수 또는 매도하는 개입(intervention)을 함으로써 자국통화의 환율에 영향을 미칠 수 있다. 이 경우의 환율제도를 관리변동환율제도라고 부른다.

환율 제도별 채택 국가

구분		채택 국가
[Hard pegs]	No separate legal tenders, Currency boards	25 (Hong Kong SAR, Ecuador, etc.)
[Soft pegs]	Conventional pegs, Crawling pegs, Bands	76 (China, Vietnam, Czech Rep., etc.)
[Floating]	Free-floating, Floating	71 (EMU, Australia, Korea, Indonesia, etc.)

주: 1) 2016년 12월
자료: IMF(2016)

◆ **적정 환율제도 선택 논의 : 국제적으로 적정 환율제도의 선택과 관련하여 각국의 경제현실을 감안할 때 고정환율제도, 변동환율제도, 또는 중간단계의 환율제도(예 ; 관리변동환율제도) 중 어느 환율제도를 채택하는 것이 외환위기의 가능성을 최소화할 수 있는지에 대해 논의되어 왔다.**

- 1980년대에 신흥시장국에서는 중간단계의 환율제도가 널리 채택되었다. 그러나 1990년대 들어 세계자본

시장의 통합화가 크게 진전됨에 따라 중간단계의 환율제도를 유지하기가 어려워졌다. 자국통화 가치의 급격한 절하 가능성이 높아지는 경우 자본이 급속히 유출됨으로써 외환시장의 불안정성이 증가하는 경우가 발생하였기 때문이다.

- 이에 따라 자본시장이 개방된 국가들은 변동환율제도와 고정환율제도 중 하나를 선택하는 것이 바람직하다는 주장(two-coner solution)이 대두되었다.
- 그러나 모든 국가에 적합한 유일한 환율제도는 존재하지 않으며 개발도상국들의 경우 경제규모, 대외개방도, 산업구조, 노동시장의 유연성 등 금융경제여건이 상이하므로 중간단계의 환율제도도 인정할 수 있다는 견해도 제기되었다.
- 중요한 것은 각국이 어떠한 형태의 환율제도를 선택하더라도 환율정책은 일관성과 신뢰성 있는 국내정책에 의해 뒷받침되어야 하며 유지불가능한 환율수준을 방어하려고 해서는 안 된다는 것이다.

◆ 각 환율제도의 특징 비교

- 변동환율제도 : 통화론자들을 중심으로 변동환율제도의 장점을 다음과 같이 지적하였다.
  - 첫째, 국제수지가 자동적으로 균형을 회복한다는 것이다.

국제수지 적자는 외화의 초과수요 유발을 통해 자국통화 가치를 절하시켜 가격경쟁력 향상을 가져오며 이는 수출 촉진 및 수입수요 감소를 통해 국제수지 회복에 기여한다는 것이다. 국제수지 흑자의 경우에는 반대의 추론이 가능하다.

- 둘째, 변동환율제도에서의 투기가 고정환율제도에서보다 어렵다는 주장이다. 그 이유는 다음과 같다.

고정환율제도를 채택하면, 한 나라 통화의 가치가 좁은 범위 내에서 유지되어야 한다. 따라서 만일 이 통화의 가치를 떨어뜨리려는 투기적 공격이 있으면, 외환당국이 달러를 팔고 자국통화를 매입함으로써 자국통화의 환율을 공표된 고정환율 수준에서 유지해야 한다. 외환당국이 자국통화의 가치를 방어하기 위해 외환시장에서 달러를 매도하면 외환보유액이 줄어든다. 만일 투기적 공격이 계속되면 이에 대응하여 자국통화의 가치를 방어하기 위해 외환보유액의 달러를 계속 매도해야 하는데, 외환보유액의 규모가 무한하지 않기 때문에 이는 불가능하다. 어느 순간 외환보유액은 소진될 것이고 외환당국은 더 이상 자국통화 가치의 방어를 위해 외환보유액의 달러를 팔 수 없게 된다. 따라서 고정환율제도는 제한적인 외환보유액 규모를 감안할 때 투기적 공격에 취약하다는 결론에 도달한다.

반면, 자유변동환율제도에서는 한 나라 통화의 가치가

다른 나라 통화에 대해 자유롭게 변동한다. 따라서 만일 이 나라 통화의 가치를 떨어뜨리려는 투기적 공격이 있을 때, 외환당국은 자국통화의 가치를 유지하기 위해 외환시장에서 달러를 팔고 자국통화를 사들일 필요가 없다. 환율이 시장에서 수요와 공급에 의해 오르고 내리도록 내버려 두고 잘 관찰만 하면 된다. 왜냐하면, 자유변동환율제도에서는 투기자 자신도 환리스크를 부담하기 때문이다. 이 나라 통화의 가치가 투기공격에 의해 투기자들이 원하는 방향으로 하락했다고 가정하자. 그 순간 이 나라 통화가치는 다시 상승할 수도 있고 또한 다시 하락할 수도 있다. 양 방향의 가능성에 항상 열려 있는 것이다. 만일 이 나라 통화의 가치가 투기적 공격에 의해 10% 하락한 후 예기치 못한 요인으로 인해 반전되어 15% 상승한다면 투기자들은 투기적 공격에 의해 5%의 환차손을 입게 된다. 변동환율제도는 환율의 변동을 수용하기 때문에 투기적 공격에 취약한 듯 보이지만, 반면에 그렇기 때문에 투기자들이 투기적 공격에 따른 환차손의 가능성으로 인해 환투기를 함부로 하지 못하는 환율제도이다.

- 셋째, 보다 독립적인 경제정책의 수행이 가능하다는 주장이다. 환율을 일정수준에서 유지해야 하는 제약이 없기 때문에 경제정책을 국내경제의 균형에 집중함으로써 그 효과를 극대화할 수 있기 때문이다.
- 넷째, 중앙은행이 외환시장 개입에 대비하여 무리하게 외

환보유고를 유지할 필요가 없다는 주장이다.

그러나 위와 같은 주장들이 현실적으로 입증되지는 않았다. 각 통화의 평가(平價, parity)는 균형수준에서 괴리되어 있다는 연구들이 발표된 바 있고 국제수지의 불균형은 변동환율제도 도입 이후에도 확대되었다. 또한 투기활동은 계속 강화됨으로써 투기적 요인에 의해 특정통화 가치의 변동성이 확대되는 사례가 목격된다. 이에 따라 변동환율제도하에서 단기 또는 중기적인 통화의 불안정성의 증대로 성장에 대한 부정적인 영향이 무시할 수 없는 것으로 인식되고 있으며 독립적인 경제정책의 수행이 곤란한 경우도 발생하고 있다.

■ 고정환율제도 : 일부 학자들은 개발도상국의 경우 고정환율제도를 채택하는 것이 보다 바람직하다는 주장을 한다.

- 그 이유는 개발도상국의 경우 금융시장의 발달이 미흡하고 무역대금의 달러화 결제비중이 높으며 기업 및 금융기관의 환위험회피 능력이 부족하고 정부의 신뢰성이 부족하여 환율변동의 비용이 상대적으로 크기 때문이라고 지적하였다.
- 그러나 고정환율제도는 금융자유화로 자본의 이동성이 크게 증대된 국제금융 환경에 적합하지 않은 면이 있다. 고정환율제도하에서 대외불균형이 지속될 경우 통화당국이 더 이상 환율을 적정수준으로 유지할 수 없을 것이

라는 기대 하에 환투기 공격에 노출될 가능성이 있는 점을 위에서 이미 살펴보았다.

- 중간단계 환율제도 : 중간단계 환율제도란 환율의 변동 폭을 일정범위 이내로 제한하는 것이다. 이 제도는 개발도상국처럼 경제규모, 대외개방도, 산업구조, 경제통합도 등 금융경제 여건이 상이하여 양극단의 환율제도를 일률적으로 적용하기 곤란한 경우 각국의 여건에 맞도록 채택할 수 있다는 것이다.

  이러한 주장은 고정환율제도와 자유변동환율제도중 어느 하나를 채택하는 방식(two-corner solution)에 의해서는 환율의 불안정성을 예방할 수 없다는 분석에 기초한다. 실제로 변동환율제도가 지지자들이 주장하는 것처럼 환율의 안정에 기여하지 못하는 측면이 있고 고정환율제도는 금융의 세계화 하에서 유지가 어려울 수 있기 때문이다.

  또한 대부분의 외환당국은 필요시 명시적 또는 묵시적으로 환율을 일정수준으로 유지하기 위해 외환시장에 개입을 하고 있는 것이 사실이다. 중간단계 환율제도의 대표적인 사례로 관리변동환율제도를 들 수 있다. 실제로 많은 국가들이 자국통화의 환율을 달러화에 연계시킴으로써 사실상 관리변동환율제도를 채택하고 있다.
그러나 중간단계의 환율제도를 채택한다고 해서 환율의 불안정성을 예방할 수 있는 것은 아니다. 환율의 페그가 엄격해서 환율의 변동 폭이 매우 좁은 범위로 제한되는 경우는 명목환율이 고정되어 있는 경우와 사실상 큰 차이가 없다. 국내 인플레이션이 경쟁국보다 높은데도 명목환율이 좁은 범위에서 유지되면 실질환율의 절상으로 인해 수출경쟁력이 하락함을 이미 살펴보았다.

◆ **삼위일체 불가능성**(Impossible Trinity)

■ 개념 : 삼위일체 불가능성(impossible trinity)은 한 나라가 아래의 세 가지 정책을 동시에 추구할 수 없다는 것이다 : ① 자유로운 자본 이동(free capital mobility), ② 고정환율제도(fixed exchange rate), ③ 독립적인 통화정책(independent monetary policy).

■ 세 가지 경우의 해설

- Case Ⅰ : 미국은 ① 자유로운 자본 이동(free capital mobility)과 ③ 독립적인 통화정책(independent monetary policy)을 선택하고 ② 고정환율제도(fixed exchange rate)를 포기하였다. 자유로운 자본 이동을 택했기 때문에 항상 자본의 유출입이 가능하고 달러화의 가치가 항상 변한다.

삼위일체 불가능성(Impossible Trinity)

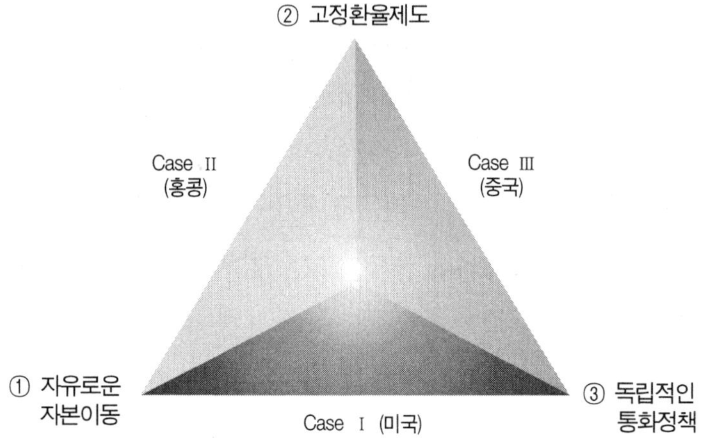

만일 미국이 고정환율제도를 원한다면 미국의 외환당국이 해외로부터의 자본 유입 또는 유출로 인한 달러화 가치의 변동을 중화시키기 위해 외환시장에 개입해야 한다. 이는 곧 독립적인 통화정책의 포기를 의미한다. 왜냐하면 외부로부터의 자본 유입 또는 유출을 중화시키기 위해 외환시장에 개입함으로써 통화량이 변동하기 때문이다. 이에 따라 미국은 독립적인 통화정책의 수행을 위해 고정환율제도를 포기하였다.

- Case II : 홍콩은 ① 자유로운 자본 이동과 ② 고정환율제도를 선택하고 ③ 독립적인 통화정책을 포기하였다. 자

유로운 자본 이동을 선택했기 때문에 자본의 유출입은 항상 홍콩달러의 가치를 상승 또는 하락시키는 압력으로 작용할 수 있다.

홍콩 외환당국은 고정환율제도를 유지하기 위해 자국통화 가치의 변동을 초래할 수 있는 자본의 유출입에 대해 외환시장에서 이들 자본을 매수 또는 매도함으로써 자국 통화량의 증가 또는 감소를 감내해야 한다. 홍콩의 통화량이 외부자본 유출입에 의존하게 되면 독립적인 통화정책은 불가능하다.

- Case III : 중국은 ② 고정환율제도[1)]와 ③ 독립적인 통화정책을 채택하는 대신 ① 자유로운 자본 이동을 포기하였다. 중국의 외환당국은 고정환율제도와 독립적인 통화정책을 유지해야 한다.

  그러기 위해서는 외부로부터의 자본 유출입이 환율이나 통화량에 영향을 미치지 않도록 해야 한다. 그런데 외부로부터의 자본 유입이나 유출을 중화시키려면 이에 대응하여 외환시장에서 외화를 매수 또는 매도해야 한다. 이 경우 고정환율은 유지할 수 있지만 이에 따른 통화량의 증가 또는 감소는 피할 수 없다. 방법은 외부로부터 자본 유출입을 통제하는 한 가지 뿐이다. 따라서 중국이 고정

1) 중국은 완전한 고정환율제도를 채택하지는 않았지만 환율의 변동폭을 상하 일정범위(예; 전일 대비 ±2.25%)로 제한하기 때문에 고정환율제도에 가까운 것으로 판단하고 설명한다.

환율제도와 독립적인 통화정책을 선택하기 위해서는 자유로운 자본 이동을 포기할 수밖에 없다.

6. 이자율 평가(利子率 平價, Interest Rate Parity, IRP)

◆ 개념

- 평가(平價, Parity)의 개념 : 경제학에서 평가(平價, parity)는 명목적인 수치가 다르더라도 그 실질적인 가치가 같은 경우를 말한다.
  - 예를 들어, 2년 만기 미 국채의 이자율이 연 3%이고 동일 만기 한국 국채의 이자율이 연 5%라면, 한국 국채의 이자율이 미 국채에 비해 2%p 더 높다. 이것을 이자율 차이 또는 내외금리차(interest rate differential, $i_{Korea}-i_{USA}$)라고 한다.
  - 위에 언급한 2%p의 내외금리차는 한국 채권시장으로 외화 자본이 유입되는 원인이 된다. 한국 채권을 매입하면 미국 채권에 비해 더 높은 이자율로 이자를 받을 수 있기 때문이다.
  - 이러한 외화 자본의 유입은 한국 외환시장에서 달러의 공급을 늘리고, 이 늘어난 달러화가 한국자산에 투자되기 위해 한국의 외환시장에서 원화로 바뀌는 과정에서

달러화는 약세가 되고 원화는 강세가 된다.

- 원화의 강세는 한국 제품이 수출될 때 가격 경쟁력을 떨어뜨리고 한국의 순수출(수출-수입)은 감소하게 된다. 순수출의 감소는 GDP를 감소시키고 이에 따른 경제성장의 둔화는 결국 원화 가치의 하락을 초래할 것이다.
- 이처럼 향후 예상되는 원화가치의 하락으로 인해, 외국인들은 원화 자산에 투자한 후 이를 달러화로 환전하여 본국으로 다시 송금(逆送金, repatriation)할 때 환차손을 예상할 수 있다.

결국 내외금리차로 인한 이자차익이 향후 환차손으로 인해 상쇄될 수 있는 가능성을 감안하면, 연 5%의 이자를 지급하는 한국 국채와 연 3%의 이자를 지급하는 미 국채는 국제금융시장에서 이론적으로 그 실질적인 가치가 동등하다는 것이다. 이것이 바로 이자율 평가 이론의 개념이다.

요약하면, (+)의 내외금리차$\{(i_{Korea}-i_{USA})>0\}$ → 한국으로의 외화(달러) 유입 → 달러 공급 증가 → 달러화 약세, 원화 강세 → 한국의 수출 가격 경쟁력 약화 → 한국의 순수출(수출-수입) 감소 → 한국의 경제성장률 둔화 → 원화 약세 예상 및 투자자금 역송금시 환차손 예상의 논리적 전개가 가능하다.

따라서 (+)의 내외금리차$\{(i_{Korea}-i_{USA})>0\}$와 환차손 예상(−)이 장기적으로 상쇄되어 결국 이자 차이를 얻기 위한 재정거래의 이익이 소멸하고 결국 장기적으로는 두 나라의 국채가 주는 이자의 효과는 같아진다는 것이 이자율 평가 이론의 요지이다. 다시 말하면, (+)의 내외금리차 $\{(i_{Korea} - i_{USA}) > 0\}$가 환차손 예상(−)으로 장기적으로 상쇄되어 결국 이자 차이를 얻기 위한 재정거래의 이익이 소멸할 때 이자율 평가 이론이 성립한다는 것이다.

◆ **헷지 이자율 평가**(Covered IRP, CIRP)**와 비헷지 이자율 평가**(Uncovered IRP, UIRP)

■ 헷지(covered)의 개념 : 경제학에서 헷지란 가치의 변동 가능성이 없어진 것을 말한다. 가치의 변동 가능성이란 가격의 미래 불확실성(uncertainty)으로부터 나온다. 우리가 어느 재화의 미래 가격을 알 수 없으면 그 재화의 미래 가치를 결정할 수 없다.

그러나 어느 재화의 미래 가격을 계약에 의해 지금 결정할 수 있다면, 미래의 시점에 그 재화의 가격이 오르거나 내리더라도 상관없이 지금 정해진 가격으로 미래에 그 재화를 사거나 팔 수 있다.

- 예를 들어, 3개월 후에 1달러를 1,000원에 매입하기로 지금 계약을 하면(달러화 선물환 매수 계약), 실제로 3개월 후에 환율이 1달러에 1,000원이든 900원이든 상관없이 1달러를 1,000원에 살 수 있다.
- 여기서 중요한 것은, 3개월 후 미래 시점의 환율을 모르

더라도 걱정할 필요가 없다는 것이다. 왜냐하면 3개월 후의 환율이 1,100원으로 오르거나 900원으로 내리더라도 상관없이 1달러를 1,000원에 매입하기로 이미 계약이 되어 있기 때문이다. 따라서 헷지(hedge)의 의미는 계약에 의해 미래의 거래 가격이 이미 정해져 있기 때문에 미래 가격의 불확실성을 우려할 필요가 없는 상태를 말한다.

- 헷지 이자율 평가(Covered IRP, CIRP)는 두 나라의 이자율에 차이가 발생할 때, 현재의 내외금리차가 선물환율에 의해 불확실성 없이 정해진 환율 변화율과 그 크기가 같아서 서로 상쇄되고 결국 두 나라의 이자율은 실질적으로 같은 효과를 가진다는 것이다. 헷지 이자율 평가가 성립하는 경우 다음의 등식이 성립한다.

$$i_{Korea} - i_{USA} = \frac{F - S}{S} = \frac{E_{t+1} - E_t}{E_t}$$

$i_{Korea} - i_{USA}$: 한국과 미국의 현재 이자율 차이, 내외금리차 (interest rate differential)

F, E_{t+1} : 선물환율(F: forward exchange rate, E_{t+1}: exchange rate at $t+1$, $t+1$은 미래시점)

S, E_t : 현물환율(S: spot exchange rate, E_t: exchange rate at t, t는 현재시점)

■ 비헷지 이자율 평가(Uncovered IRP, UIRP) : 경제학에서 비헷지란 어느 재화의 가치가 미래 가격의 변동 가능성에 노출되어 있는 상태를 말한다. 미래 가치의 변동 가능성은 미래 가치를 알 수 없는 불확실성으로

부터 나온다.

우리가 어느 재화의 미래 가격을 현시점에서 계약으로 정하지 않으면, 미래 시점에 어느 가격으로 그 재화를 매입 또는 매도해야 하는지를 알 수 없다. 만일 미래 시점에 이 재화의 가격이 오르면 이 재화를 매입하기 위해 현재가격보다 더 높은 가격을 지불해야 하고, 만일 미래 시점에 이 재화의 가격이 내리면 더 낮은 가격을 지불하게 된다.

- 예를 들어, 1달러를 3개월 후에 1,000원으로 살 수 있는 계약(달러 선물환 매입 계약)을 현시점에서 채결하지 않으면, 3개월 후에 현물시장에서 달러를 매입할 때 그 때의 시장환율로 달러를 매입해야 한다. 물론 3개월 후의 현물환율이 얼마가 될지는 아무도 모른다.
- 만일 3개월 후의 현물환율이 현시점의 3개월 선물환율(예: 1,000원)보다 높은 1,100원까지 상승하면, 3개월 후에 1달러를 매입하기 위해 1,100원을 지불해야 한다. 현시점에서 달러를 3개월 선물환율(예: 1,000원)로 매수계약을 하면 1,000원에 매수할 수 있기 때문에 이 경우에 비해 달러당 100원을 더 지불해야 한다.

  만일 3개월 후의 현물환율이 현시점의 3개월 선물환율(예: 1,000원)보다 낮은 900원으로 하락하면, 3개월 후에 1달러를 매입하기 위해 900원만 지불하면 된다. 현시점에서 달러를 3개월 선물환율(예: 1,000원)로 매수계약을 하면

1,000원에 매수해야 하기 때문에 선물환 매수 계약을 하지 않는 경우가 선물환 매수 계약을 하는 경우에 비해 달러당 100원을 덜 지불해도 된다.
미래 환율이 오르면 달러를 더 비싸게 매입해야 하고 환율이 내리면 달러를 더 싸게 매입할 수 있는 양쪽 방향의 불확실성에 열려있는 것이다.

- 비헷지 이자율 평가(Uncovered IRP, UCIRP)는 두 나라의 이자율에 차이가 발생할 때, 현재의 내외금리차가 미래 환율의 예상치를 사용해 불확실성에 노출된 환율 변화율과 그 크기가 같아서 서로 상쇄되고 결국 두 나라의 이자율은 실질적으로 같은 효과를 가질 것으로 예상된다는 것이다. 비헷지 이자율 평가가 성립하는 경우 다음의 등식이 성립한다.

$$i_{Korea} - i_{USA} = \frac{E^a_{t+1} - E_t}{E_t}$$

$i_{Korea} - i_{USA}$: 한국과 미국의 현재 이자율 차이, 내외금리차 (interest rate differential)
E_t : 현물환율(E_t: exchange rate at t, t는 현재시점)
E^a_{t+1} : 미래 환율의 예상치(E_{t+1}: exchange rate at $t+1$, $t+1$은 미래시점, a: anticipation, 예상치)

◆ 재정거래 메커니즘(Arbitrage Mechanism)

■ 가정 : 아래와 같은 가정 하에 논리를 전개해 보자

① 런던에서 1달러를 차입하는 비용 : 3개월 Libor[2] 금리가 연율 1%

② 1달러를 외환스왑 시장에서 원화로 바꾸어 한국 양도성 예금증서(Certificate of Deposit, CD)를 매입할 때의 수익 : 3개월 CD 수익률이 연율 4.0%

③ Won/Dollar 현물환율 : 1,000

④ Won/Dollar 3개월 선물환율 : 1,005

■ 재정차익(Arbitrage Benefit, or Incentive for Arbitrage) 계산 예시

- 내외금리차 : $i_{Korea} - i_{USA}$ = 4.0%−1.0%=3.0%p
- 환율 변화율 : 현물환율=1,000, 3개월 선물환율=1,005일 때,

$$\frac{F-S}{S} = \frac{1,005-1,000}{1,000} = 0.005$$

그러나, 위의 환율 변화는 3개월 기간 중 발생한 것이기 때문에 연율 기준 이자율(%)과 비교하기 위하여 이를 1년 기준, % 단위로 변환할 필요가 있다. 따라서 위의 변화율에 12/3과 100을 각각 곱하면 아래의 결과를 얻는다.

---

2) London Interbank Offered Rate, 런던 은행간 차입금리

$$\frac{F-S}{S}\times\frac{12}{3}\times100=\frac{1{,}005-1{,}000}{1{,}000}\times\frac{12}{3}\times100=2.0\%$$

- 따라서 재정차익=내외금리차−환율 변화율(연율, %)[3]= 3.0%−2.0%=1.0%p

재정거래 메커니즘

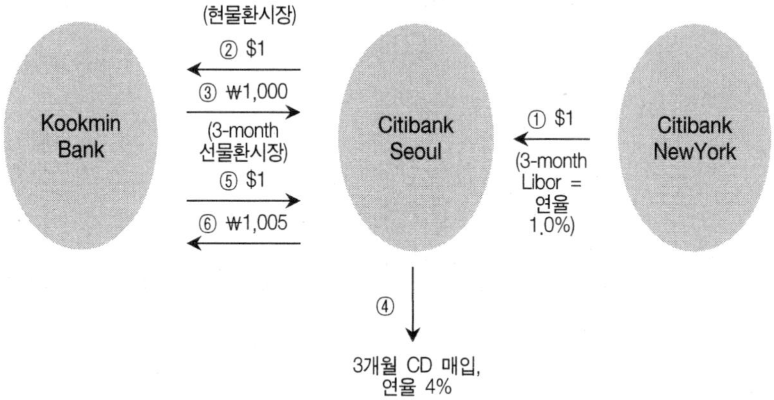

i) 내외금리차: 4%−1%=3%p

ii) 환율변동(연율, %)

$$\frac{1005-1000}{1000}\times\frac{12}{3}\times100=2.0\%$$

iii) 차익거래 유인 =3%−2%= 1%p

① Citibank N.Y.으로부터 $1 차입
② $1를 현물환시장에서 매도
③ ₩1,000을 현물환시장에서 매입
④ CD 매입
⑤ $1를 3개월 선물환시장에서 매입
⑥ ₩1,005을 3개월 선물환시장에서 매도

---

3) 환율 변화율을 차감하는 이유는, 외국인 투자가들이 달러를 우리나라에 들여와 외환스왑 시장에서 원화로 바꾸어(예: 1달러당 1,000원) 우리나라 금융자산에 투자한 후 만기 때 원화를 다시 달러로 바꿀 때(예: 1,005원), 이 환율 변화율(2.0%)만큼 원화를 더 지급함으로써 비용이 되기 때문이다.

■ 한국 외환시장에서 헷지 이자율 평가(CIRP)가 성립하는가 또는 성립하지 않는가? 그 이유는 무엇인가?

- 헷지 이자율 평가 이론은 다음과 같은 두 가지 가정 하에 내외금리차가 장기적으로 같은 크기의 환율 변화율에 의해 상쇄되어 재정차익이 소멸한다는 것이다. 두 가지 가정은 ① 국제적 자본 이동에 아무런 제약과 비용이 없고 ② 두 통화의 quality가 같다는 가정을 의미한다. 이 경우 재정차익은 장기적으로 소멸하고 헷지 이자율 평가(CIRP)가 성립한다는 것이다.
- 그러나 한국의 외환시장 데이터를 관찰해 보면, 재정차익이 거의 항상 양(+)의 값을 보이고 있어서 헷지 이자율 평가(CIRP)가 성립하지 않는다는 결론을 얻게 된다. 그 이유는 무엇일까?

  첫째, 위에 언급된 두 가지 가정은 현실성이 없다. 국제적인 자본 이동에는 사실상 여러 가지 제약이 있고 또한 거래비용이 수반된다.

  둘째, 달러는 기축통화이고 원화는 신흥시장국 통화로서 위험성이 상대적으로 더 큰 통화이며 두 통화의 quality가 다르다. 한국은 신흥시장국으로서 외환시장에서 달러가 충분한 양이 머무를수록 국제 자본시장에서 달러를 조달하는 것보다 편리하고 조달비용도 절감할 수 있다. 그런데 재정차익이 이론대로 0이 되면 달러가 한국의 외환시장으로 새로이 유입될 유인이 없다.

자본이동의 제약과 이동에 따른 비용을 감안하고 나면 한국으로의 자본 유입으로 양(+)의 순이익을 얻을 수 없기 때문이다.

- 따라서 투자자 측면에서 보면, 한국 외환시장에서 거의 항상 나타나는 양(+)의 재정차익은 위험통화로 간주되는 한국 원화표시 자산을 취득하면서 부담하는 위험[4]에 대한 보상(risk premium)이다.

  이 양(+)의 리스크 프리미엄이 거의 항상 존재하기 때문에 한국 원화 표시 자산을 매입하고 그 투자상황(포지션, position)을 유지할 수 있는 것이다. 반면에, 한국 등 신흥시장국의 입장에서 이 양(+)의 재정차익은 달러가 자국내 외환시장에서 머물도록 하기 위한 비용이다. 이 비용은 만일 달러가 자국내 외환시장에 머물지 않을 경우 필요한 달러를 모두 국제금융시장에서 조달하는 비용과 불편함에 비해 상대적으로 감내할 만하다.

4) 외국인 투자가가 원화자산 투자 후 달러화로 환전하여 본국으로 다시 송금할 때 원화가치 하락으로 입을 수 있는 환차손의 위험을 말한다.

7. 자국통화 약세정책의 효과(The Effects of the Depreciation Policy)

◆ **자국통화의 약세정책으로 통화가치가 하락하면 경제에 어떤 영향을 미칠 것인가?**

- 통화 약세 → 수출 증가? : 자국통화의 약세정책으로 통화가치가 하락할 때 다른 모든 변수에 변동이 없다면, 수출의 가격경쟁력이 개선되어 순수출(수출-수입)이 증가할 것이다.
  - 그러나 한 나라의 통화가치 약세정책에 대응하여 교역상대국들도 따라서 통화가치 약세정책을 펼친다면 통화가치의 약세로 인한 수출 가격경쟁력 개선 효과는 곧 소멸할 것이다.
- 수출 증가 → 산출 증가? : 한 나라의 수출이 증가하면 경제의 총수요가 증가하고 이에 따라 산출도 증가할 것이다. $Y = C(Y-T) + I(Y,i) + G + NX(X-M)$에서 $NX(X-M)$가 증가하면 Y가 증가하기 때문이다.

  Y : 총생산(GDP), $C(Y-T)$: 소비, 가처분소득$(Y-T)$의 함수,
  $I(Y,i)$: 투자, 생산(Y)과 이자율(i)의 함수, G: 재정지출,
  $NX(X-M)$: 순수출, 수출-수입$(X-M)$
- 산출 증가 → 고용 증가? : 한 나라의 산출이 증가하면 고용도 함께 증가할 것인가? 이에 대한 답은 간단하

지 않다.

- 첫째, 산출 증가는 고용 증가를 초래할 수 있다. 그러나 과연 얼마나 많은 고용이 증가할 것인지가 관건이다. 만일 산출 증가가 주로 자본과 장비를 집중적으로 사용하는 제조업 부문에서 일어난다면, 고용 증가 효과는 크지 않을 것이다. 산업화가 진전될수록 제조업 생산 증가가 주로 자본과 장비의 투입 증가에 기인하기 때문이다.
- 둘째, 통화가치 하락은 수입재화의 가격 상승을 통해 인플레이션의 원인이 된다. 또한 산출 증가도 경제의 총수요 증가를 통해 인플레이션의 원인이 된다. 따라서 통화가치의 약세 정책은 인플레이션을 초래할 가능성이 크다. 인플레이션은 가계의 실질 가처분소득을 감소시킨다. 통화가치의 약세 정책으로 인플레이션이 높아진다고 해서 이를 상쇄하기 위해 가계의 명목임금이 인플레이션만큼 자동적으로 증가하지는 않을 것이기 때문이다. 가계는 실질 가처분 소득의 감소에 따라 소비 지출을 줄여야 하는데 주로 서비스 분야에서 이러한 지출 감소가 발생할 것이다. 생활의 유지에 필수적인 소비지출은 줄이기 어렵기 때문이다. 서비스 분야의 지출 감축은 이 분야의 매출 감소를 초래할 것이고 결국 서비스 분야에서 고용 감소가 초래될 것이다.

종합하면, 자국통화의 약세 정책으로 제조업 분야에서 고용이 증가될 수 있으나 생산의 기계화 및 자동화를 감안할 때 고용증가 효과를 크게 기대하기 어렵다. 반면에 자국통화 약세 정책으로 인플레이션이 높아져서 가계의 실질 가처분소득이 감소하고 이에 따른 서비스 분야의 지출 감축으로 이 분야에서 고용 감소가 일어날 가능성이 크다. 어느 효과가 클지는 경제상황에 따라 다를 것이고 실증분석을 해 보아야 알겠지만 이에 대한 신중한 판단이 필요한 것은 분명하다.

◆ 환율 조작 논쟁(Debate over Currency Manipulation)

■ 환율 조작의 개념

- 환율 조작이란 한 나라의 외환당국이 자국 통화의 가치에 영향을 미치기 위해 의도적으로 외환시장에 개입하여 자국통화를 대가로 외화(주로 달러)를 매입 또는 매도하는 인위적인 조치를 말한다. 당국이 외환시장에 개입하여 인위적으로 자국통화를 대가로 외화(달러)를 매입 또는 매도하면 그 나라 통화와 달러화의 환율이 시장의 균형수준으로부터 괴리된다.
- 한 나라 외환당국의 외환시장 개입은 두 방향으로 가능하다.

  첫째는 한 나라의 통화가치가 너무 높아져 수출경쟁력이 약화되는 경우이다. 이 경우 외환당국은 자국통화의 가치를 낮추기 위해 외환시장에서 자국통화를 팔고 달러화를 매입한다. 이에 따라 자국 통화가치의 하락을 유도할 수 있다.

둘째는 한 나라의 통화가치가 너무 낮아져 이 나라 통화 표시 자산의 환차손이 예상되고 이에 따른 자본유출 및 외환위기의 가능성이 우려되는 경우이다. 이 경우 외환당국은 자국통화의 가치를 방어하기 위해 외환시장에서 자국통화를 매수하고 달러화를 매도한다. 이에 따라 외환보유액이 감소한다.

- 그러나 현실적으로 환율 조작이란 위에 언급한 첫째의 경우, 즉, 자국통화의 가치를 낮추어 수출경쟁력을 높이고 이를 통해 경제성장을 촉진하려는 경우를 말한다. 둘째의 경우는 주로 자국통화의 가치가 투기적 공격 등으로 인해 지나치게 약화될 경우 자국통화의 가치를 방어하고 외환위기를 방지하기 위한 조치이다 따라서 이러한 조치는 국제사회에서 일반적으로 용인되고 있으며 환율 조작으로 비난받을 사안이 아니다.

■ 환율 조작의 효과

- 한 나라가 외환시장 개입에 의한 환율 조작으로 자국통화의 가치를 하락시키더라도 다른 나라들이 이러한 조치를 따라하지 않을 경우, 이 나라 제품의 수출가격이 외국통화 표시로 보다 저렴해진다.
- 따라서 환율 조작으로 이 나라 제품의 수출 가격경쟁력이 개선되지만 반대로 교역상대국들은 수출경쟁력의 약화와 순수출(수출-수입)의 감소를 겪게 된다. 국제사회가

환율조작을 불공정한 조치로 판단하는 이유이다.

- 이처럼 한 나라가 불공정한 방법에 의해 수출 경쟁력의 개선을 시도할 경우 교역 상대국들은 시장보호를 이유로 보복관세를 부과할 수 있다.

■ 환율 조작의 판단 기준

- 경상수지 흑자 : 경상수지는 주로 수출과 수입의 차이인 순수출로 구성된다. 수출이 수입에 비해 증가하면 경상수지 흑자가 늘어나고 이에 따라 외화의 유입이 증가한다. 외화의 유입은 일부분 외화예금으로 남아 있겠지만 다른 일부분은 원화로 환전된다. 결국 경상수지 흑자의 일부는 외환시장에서 달러의 공급을 증가시키고 이에 따른 달러 가치의 하락으로 원/달러 환율이 하락하게 된다. 그런데 경상수지 흑자가 지속되는 상황에서 원화 가치가 이에 상응하여 상승하지 않는다면, 즉, 원/달러 환율이 이에 상응하여 하락하지 않는다면, 외환당국의 시장개입이 의심받을 수 있다. 외환당국이 외환시장에서 자국통화를 대가로 달러화를 매수하여 원/달러 환율의 빠른 하락세를 저지하였을 것이라는 추측이 가능하다. 이 경우 환율조작으로 비난받을 수 있다.

- 외환보유액의 증가 : 외환보유액은 외환당국이 외화표시로 보유하는 자산이며 대부분 국가의 외환당국은 비상사태에 대비하여 외환보유액을 갖고 있다. 우리나라는 정

부의 기획재정부[5]와 중앙은행인 한국은행[6]이 외환당국으로서 외환보유액을 보유하고 있다.

외환보유액의 증가는 두 가지 경로로 설명될 수 있다. 첫째는 투자수익의 증가이다. 외환보유액은 외환당국이 비상시에 대비하여 보유하기 때문에 일부는 유동성 자산의 형태로 보유되지만 일부는 유동성과 수익성을 함께 고려하여 보유된다. 따라서 외환보유액의 투자수익만큼 외환보유액이 증가한다. 둘째는 외환보유액의 시장가치가 이자율이나 환율에 의해 변하고 이에 따라 외환보유액 규모가 증가할 수 있다. 이자율이 하락하면 보유 채권의 현재가치 평가액이 증가할 수 있고 달러화의 약세는 기타 통화 표시 자산의 달러기준 환산액을 증가시킨다.

외환보유액의 증가 규모는 통상적으로 가능한 수익률 수준, 즉, 이자율이나 환율 동향으로 추산 가능한 환산액 증가 등으로 설명이 가능해야 받아들여진다. 만일 한 나라의 외환보유액 증가 규모가 시장 변수로 설명할 수 없을

5) 기획재정부는 우리나라 외환시장의 안정을 위해 외국환평형기금이라는 기금 명목으로 원화표시 외국환평형기금채권을 발행하고 그 원화재원으로 필요시 외환시장에서 달러화를 매입한다. 또한 외화표시 외국환평형기금채권을 발행하기도 한다. 이 경우 기획재정부 보유 외환보유액이 증가한다.

6) 한국은행은 기획재정부와 함께 우리나라 외환당국의 역할을 수행한다. 한국은행이 외환시장의 안정을 위해 원화를 대가로 달러화를 매입하는 경우 이 원화는 한국은행이 중앙은행으로서 보유하는 발권력에 의해 발행되는 것이다. 아무튼 한국은행이 외환시장에서 달러화를 매입하면 외환당국의 외화보유, 즉, 외환보유액이 증가한다.

정도로 큰 경우에는 외환당국이 시장개입에 의해 외화의 보유규모가 증가한 것으로 의심받을 수 있다. 외환당국이 자국통화 가치의 상승속도를 완화시키기 위해 외환시장에서 달러화를 사들인 것이라는 추측을 피하기 어렵다.

- 실질실효환율지수(Real Effective Exchange Rate Index, *REERI*)는 한 국가 통화의 가치가 기준시점 대비 상승 또는 하락했는지를 나타낸다. 기준시점의 실질실효환율지수가 100이므로 이 지수가 100보다 높으면 한 국가의 통화가치가 상승했음을 나타내고 이 지수가 100보다 낮으면 한 국가의 통화가치가 하락했음을 나타낸다.

  만일 한 국가의 경상수지가 상당 폭 흑자를 지속하는 상황에서 실질실효환율지수가 이에 상응하여 상승하지 않는다면 이 나라의 외환당국이 외환시장에서 달러를 매수하여 자국통화의 가치상승 속도를 완화시켰을 가능성을 의심받을 수 있다. 만일 외환당국의 개입이 없었다면 실질실효환율지수가 더 높아졌을 것이기 때문이다.

- 종합 : 한 나라가 환율조작을 했을 수 있다는 추론은 경상수지 흑자와 외환보유액의 증가 또는 경상수지 흑자와 실질실효환율지수를 함께 관찰할 때 가능하다.

  경상수지 흑자가 크게 증가하고 그로 인한 달러화의 국내 외환시장 유입은 자국통화 가치의 상승요인이고 이로 인해 실질실효환율지수는 상승해야 한다. 만일 이 나라가 자국통화 가치의 급격한 상승을 억제하기 위해 외환시장에 개입하는 경우에는 그로 인해 외환당국 계정의 보유 달러, 즉 외환보유액이 증가하고 또한 자국통화 가치의 절상 속도가 줄어들어 실질실효환율지수가 시장개입이 없었을 경우에 비해 낮은 수준에 머무르게 된다.

8. 특별주제

8.1 차액결제선물환

◆ **의의 : 차액결제선물환**(Non-Deliverable Forward, 이하 NDF)**은 만기에 계약원금의 교환 없이 계약시 미리 정한 환율과 만기시 시장환율 간의 차액만큼 거래당사자간에 지정통화로 결제하는 선물환을 말한다.**

◆ **특징 : NDF 거래의 특징은 다음과 같이 요약할 수 있다.**

- 차액만 결제하므로 일반 선물환에 비해 결제규모가 작고 따라서 결제위험도 작다.
- 차액만 결제하여 적은 금액으로 선물환거래가 가능하므로 환차익 목적의 투기거래에 활용될 수 있고 이 경우 외환시장의 변동성이 커진다.

◆ **거래구조 및 메커니즘 : NDF의 가격고시 방법, 결제일 결정방법 등 기본 거래구조는 일반 선물환과 동일하다.**

다만, 일반 선물환과 달리 만기에 현물을 인수도하지 않고 계약환율과 만기시 시장환율 간의 차액만 달러로 결제하는 것이 중요한 차이점이다.

■ NDF 매입의 예 : 3개월 후에 달러로 지급을 해야 하는 기업이, 현재 원/달러 현물환율이 1,000원이고 원/달러 환율의 상승이 예상되어 환리스크 헤지를 위하여 3개월 선물환율 1,005원으로 NDF 매입을 하는 경우를 가정해 보자.

- 만일 3개월 후에 현물환율이 1,005원보다 높은 수준, 예를 들어 1,010원이라고 가정하면, 이 경우 NDF 매입자는 시장에서 1달러를 1,010원에 매입해야 하는 것을 NDF 매입계약으로 인해 1,005원으로 매입할 수 있으니 1달러당 5원만큼 유리해진다. 반대로 NDF 매도자는 시장에서 1달러를 1,010원에의 매도할 수 있는 것을 1,005원에 매도해야 하므로 달러당 5원이 불리해진다.
  불리해진 쪽에서 유리해진 쪽으로 계약금액 달러당 5원을 지불하면 되는데, 이 5원을 그 시점의 달러환율로 환산하여 계약금액 달러당 0.00495(5/1,010)달러를 지급하면 정산이 종료된다.

- 만일 3개월 후에 현물환율이 1,005원보다 낮은 수준, 예를 들어 1,000원이라고 가정하면, 이 경우 NDF 매입자는 시장에서 1달러를 1,000원에 매입할 수 있는 것을 NDF 매

입계약으로 인해 1,005원으로 매입해야 하므로 1달러당 5원만큼 불리해진다. 반대로 NDF 매도자는 시장에서 1달러를 1,000원에 매도해야 하는 것을 1,005원에 매도할 수 있으므로 달러당 5원이 유리해진다.
불리해진 쪽에서 유리해진 쪽으로 계약금액 달러당 5원을 지불하면 되는데, 이 5원을 그 시점의 달러환율로 환산하여 계약금액 달러당 0.005(5/1,000)달러를 지급하면 정산이 종료된다.

◆ **도입 배경 : NDF는 선물환거래이지만 만기시 계약대금의 결제 없이 차액만 결제하기 때문에 자금부담 없이 선물환거래를 통해 환리스크 헤지(hedge)가 가능하다.**
이러한 NDF거래는 외국인이 우리나라 원화자산에 투자하는 경우 적은 자금으로 환리스크 헤지가 가능하도록 함으로써 외국인의 우리나라 자산에 대한 투자를 유도하기 위해 도입되었다.

■ 외국인투자가 입장에서 일반선물환과 NDF의 차이점 : 일반선물환과 NDF 모두 선물환으로서 헤지와 투기목적으로 사용 가능한 공통점이 있지만 외국인투자가 입장에서는 NDF가 일반선물환에 비해 아래와 같이 유리하다.

- 일반선물환은 만기에 약정환율로 달러를 매입하거나 매도하는 일방적인 거래를 의무적으로 해야 한다.

- 그런데 NDF는 만기에 약정환율과 실제환율 간의 차이에 해당하는 금액만큼만 달러화로 결제하면 되기 때문에 외국인투자가의 원화자산 투자금은 그대로 남아 있다.
  이 경우 외국인투자가는 이 대금을 달러화로 환전하여 본국으로 송금(역송금)하거나 또는 이 대금으로 원화자산에 다시 투자하는 방안 가운데 선택을 할 수 있다. 원화자산 보유 포지션에 대한 헤지 목적은 일반선물환과 동일하게 달성하면서 만기 때 원화자산 재투자 또는 본국 송금의 선택권이 있는 점이 일반선물환과 다르다.

◆ **순기능과 역기능 : NDF는 그 이용목적에 따라 외환시장을 안정시키는 순기능을 하기도 하고 외환시장의 불안정성을 증폭시키는 역기능을 하기도 한다.**

■ 헤지(hedge)목적의 NDF : 외국인투자가가 한국원화 자산에 투자한 후 나중에 이 원화자산을 매도하고 받은 달러대금을 본국으로 다시 보내는 역송금(逆送金, repatriation)을 할 때 원/달러 환율이 상승하면 환차손이 발생한다.
이러한 환차손의 가능성을 피하고자 헤지(hedge)를 하는 경우 외국인투자가는 NDF 매입을 한다. 이 경우에는 NDF 매입이 외환시장을 안정시키는 기능을 하며 그 메커니즘은 아래와 같다.

- 외국인의 원화자산 매입 : 외국인이 원화자산을 매입하기

위해서는 원화가 필요하며 이를 위해 외국인은 달러화를 매도하고 원화를 매입한다. 이에 따라 원/달러 환율이 하락한다.

- 외국인의 헤지 목적 NDF 매입 : 외국인이 NDF 매입을 하면 거래상대은행은 NDF 매도포지션 상태가 된다. 거래상대은행은 환포지션을 헤지하기 위해 현물환을 매입하게 되고 이에 따라 원/달러 환율이 상승한다.
- 결국, 외국인이 원화자산을 매입하기 위해 달러를 매도함에 따라 원/달러 환율이 하락하지만, 헤지목적의 NDF 매수를 함에 따라 원/달러 환율이 상승함으로써 원/달러 환율의 하락세가 완화되고 외환시장의 변동성이 줄어든다. 헤지목적의 NDF 매입은 외환시장을 안정시키는 기능이 있다.

■ 투기목적의 NDF : 만일 외국인투자가 또는 다른 시장참가자들이 원/달러 환율 상승 또는 하락에 따른 환차익을 기대하고 투기목적으로 NDF 매입 또는 매도를 하는 경우에는 그 NDF 매입 또는 매도가 외환시장의 불안정성을 증폭시키는 역기능을 수행하는데 그 메커니즘은 아래와 같다.

- 투기목적의 NDF 매입 : 외국인이 투기목적으로 NDF 매입을 하면 거래상대은행은 NDF 매도포지션 상태가 된다. 거래상대은행은 환포지션 헤지를 위해 현물환을 매

입하게 되고 이에 따라 원/달러 환율이 상승한다.

이 경우의 원/달러 환율 상승은 실물경제 상황의 변화 없이 투기적 목적의 NDF 매입에 의해 일어난 것이며 달러 보유가 많은 경우 환차익을 크게 얻을 수 있다.

1997년 우리나라에서 외환위기가 진행되는 과정에서 이러한 투기적 목적의 NDF 매입으로 원/달러 환율의 상승세가 매우 가팔라졌다는 분석이 있다.

- 투기목적의 NDF 매도 : 외국인이 투기목적으로 NDF 매도를 하면 거래상대은행의 NDF 매입포지션 상태가 된다. 거래상대은행은 환포지션 헤지를 위해 현물환을 매도하게 되고 이로 인해 원/달러 환율이 하락한다.

  이 경우의 원/달러 환율 하락은 실물경제 상황의 변화 없이 투기적 목적의 NDF 매도에 의해 일어난 것이며 달러 부채가 있는 경우 환차익을 크게 얻을 수 있다. 우리나라 경제측면에서는 실물경제 상황과 관계없는 원/달러 환율의 하락에 의해 수출경쟁력이 악화되는 부정적인 효과가 있다.

8.2 선물환포지션 규제

◆ 의의 : 선물환포지션 규제는 외환당국이 금융기관들의 선물환포지션을 일정한도 이내로 제한한 것을 말한다.

◆ 도입배경 및 메커니즘 : 선물환포지션 규제는 실물경제

와 관계없는 투기적 목적의 선물환매도에 따른 환율 하락 및 단기외채 증가를 방지하기 위해 도입되었으며 그 메커니즘은 아래와 같다.

- 투기적 목적의 선물환 매도 → 거래 상대은행의 선물환 매수 → 거래 상대은행의 환포지션 헤지를 위한 현물환 매도(원/달러 환율 하락 → 실물경제와 관련 없이 수출경쟁력 악화) + 현물매도 달러 조달을 위한 스왑(Buy & Sell) → 스왑 거래 상대은행(주로 외은지점)의 반대방향 스왑(Sell & Buy) + 스왑(Sell & Buy) 달러 조달을 위한 외국은행 본점으로부터의 차입(외채증가, 외환스왑이 1년이내 기간에 이루어지므로 단기외채 증가 → 국가신인도 하락 요인)

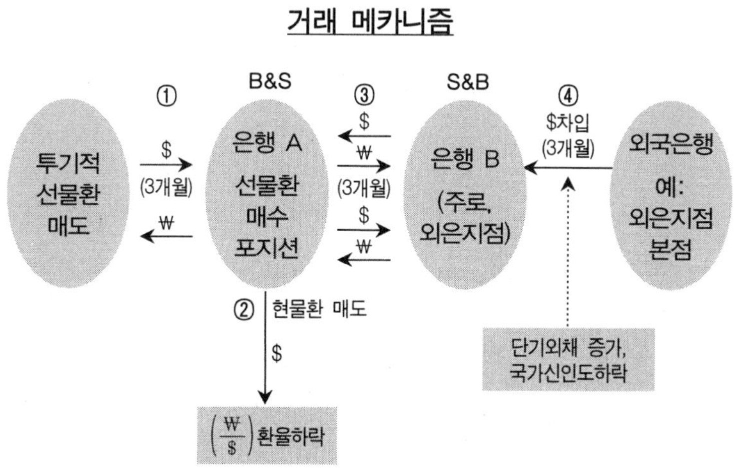

- 투기적 목적의 선물환 매도 자체를 제한하면 가장 간단하겠지만 기업이나 외국인투자가 등은 당국이 직접적으로 선물환매도를 제한하기 어렵다.
  이에 따라 당국이 영향력을 행사할 수 있는 금융기관의 선물환 포지션을 제한함으로써 기업이나 외국인투자가 등의 선물환매도 자체를 원천적으로 제한하는 효과를 기대할 수 있다.

제4주

국제은행시장

1. 국제은행시장의 개념

◆ **국제은행(international bank)이란 국제은행업무를 수행하는 은행을 말하며 국제은행업무는 외국통화표시 거래, 외국인과의 거래, 해외에서 이루어지는 거래를 말한다.**

- 이러한 국제은행업무를 영위할 수 있는 국제은행으로는 주요국 대형은행의 본점과 이들이 해외에 개설한 지점 및 현지법인을 들 수 있다. 해외지점과 현지법인은 본점소재 국가의 은행으로 분류되는 것이 아니라 은행소재 국가의 은행으로 분류된다.
  예를 들어 한국시티은행은 뉴욕에 본점을 둔 미국 국적 Citi Bank의 한국현지법인으로서 한국의 은행으로 분류된다.

◆ **국제은행시장(international banking market)은 은행이 비거주자로부터 예금을 받아 이를 비거주자에게 대출하는 시장으로서, 외국의 은행으로부터 대출을 받아 자금을 조달하는 시장을 말한다.**

- 예를 들어 영국은행이 비거주자인 미국 기업으로부터 예금을 받아 이를 일본은행에 대출하는 경우가 이에 해당한다.

◆ **국제은행업무는 업무성격에 따라 아래와 같이 구분할 수 있다.**

- 국제상업은행의 금융중개거래 : 예금 및 대출
- 국제투자은행업무 : 주식 및 채권 발행시장에서의 주간사업무, 주식 및 채권의 유통거래
- 국제금융업무 : 국제금융시장에서의 자금조달 및 자금지원
- 기타서비스 : 컨설팅, 자문서비스 등

◆ **국제은행업무 수행으로 다음과 같은 효과를 기대할 수 있다.**

- 거래비용 감축 : 자국에서 개발된 경영 및 마케팅 지식을 해외에서 낮은 비용으로 이용함으로써 은행업무 수행 관련 비용을 감축할 수 있다.
- 선진 금융기법 및 정보 활용 : 해외의 은행자회사는 모은행의 정보를 해외시장에서 이용할 수 있다.
- 규제 회피 : 다국적은행은 국내은행과 동일한 규제를 적용받지 않는 경우가 많다. 예를 들어 재무정보의 공표 의무, 외화표시 예금에 대한 예금보험 및 지급준비금 예치의무 예외 등이 이에 해당한다.
- 헤지 등을 통한 리스크 감축 : 국제은행시장에서의 헤지 등을 통해 리스크를 감축할 수 있다.

2. 전통적 국제은행시장

◆ **전통적 국제은행시장은 비거주자의 예금과 비거주자에 대한 대출이 은행소재국의 국내통화로 이루어지는 경우를 말한다.**

- 비거주자가 통화발행국의 역내시장(onshore market)에 참여하여 그 나라 통화로 예금하거나 대출을 받는 경우의 시장이 전통적 국제은행시장에 해당한다.
  따라서 국내은행거래와 동일하게 지불준비제도, 예금보험제도, 이자율 관련 규제 등 당국의 금융규제 대상이 된다.

3. 유로 시장

3.1 유로시장의 개념

◆ **유로시장은 유로통화(eurocurrency)로 표시된 금융자산이 그 통화발행국 이외의 지역에서 발행국의 규제를 받지 않고 거래되는 글로벌 금융시장으로서 역외시장(offshore market)의 일종이다.**

- 유로통화(eurocurrency)는 국제통화가 발행국 이외의

지역에서 거래되는 경우를 말한다. 미 달러화가 미국 이외의 지역에서 예치 · 운용되면 유로달러(euro dollar), 일본엔화가 일본 이외의 지역에서 예치·운용되면 유로엔(euro yen), 유로화가 유로지역 이외의 지역에서 거래되면 유로 유로(euro euro)로 부른다.

또한 통화발행국 내의 국제금융 자유지역에서 예치 · 운용되는 자국통화도 유로통화로 분류된다. 예를 들어 1981년 미국 뉴욕에 비거주자를 대상으로 설립된 역외금융센터인 뉴욕 IBF(International Banking Facilities)에서 예치 · 운용되는 미 달러화는 유로달러로 분류된다.

- 여기서 유로(euro)가 발행국 이외 지역의 의미로 사용되고 있음을 알 수 있다. 그 유래는 1950년대 동서 냉전시대에 구소련 및 동유럽국가 은행들이 미국에 예치된 미 달러화 자산이 미국정부에 의해 동결될 가능성을 우려하여 그 일부를 유럽의 런던으로 옮겼고 이 달러화를 유로달러로 부른 데서 시작되었다. 의미상 보다 적합한 용어로는 xeno를 생각할 수 있으나 이미 수십 년간 시장에서 관행적으로 유로를 사용해 왔기 때문에 유로를 사용하는 것이 보다 편리하다.

3.2 유로시장의 구성

◆ **유로시장은 유로통화시장(eurocurrency market)과 유로채권시장(eurobond market)으로 분류할 수 있다.**

- 유로통화시장(eurocurrency market)은 유로통화(eurocurrency) 자금을 대상으로 역외에서 간접금융 거래가 이루어지는 시장을 말하며 유로커런시를 예수하고 대출하는 은행을 유로뱅크(eurobank)라고 부른다. 유로통화시장은 대상통화에 따라 유로달러, 유로엔, 유로 유로 등으로 분류가 가능하다.

  유로통화시장은 만기를 기준으로 다음과 같이 분류가 가능하다.

  - 유로단기금융시장(euromoney market)은 만기 1년 미만의 단기자금이 거래되는 시장이다. 이 시장에서는 유로은행의 대고객거래로서 유로예금의 예수 및 단기대출의 자금거래와 유로은행간 거래의 중개 등이 이루어진다.

    여기서 유로은행은 은행업무 영위국가 이외의 지역에서 발행된 통화표시 예금이나 대출업무를 수행하는 은행을 말하며 유로시장에서 예금 및 대출업무를 중개하는 금융기관을 말한다. 예를 들어 미국의 시티은행 런던지점이 소재지국가 통화인 파운드화 이외의 통화, 즉 미 달러화나 일본엔화 등의 예금 및 대출업무를 취급하는 경우 유로은행에 해당한다.

한편, 유로예금[1]은 어느 통화(예: 미 달러화)의 발행국내 은행(예: 뉴욕소재 시티은행)에 예치된 자금이 그 통화의 발행국 이외 국가에 소재하는 은행(예: 런던소재 Barclays은행)으로 이체됨으로써 창출되는 예금을 말한다. 일단 창출된 유로예금은 기업이나 개인에 대한 대출 또는 은행간 재예치 등으로 활용된다.

- 유로대출시장(eurocredit market)은 유로은행이 단기 유로자금을 기업, 정부 등의 차입자에게 만기 1년 이상의 중장기로 대출해주는 시장을 말한다. 유로대출시장에서의 대출은 신디케이트대출과 개별 대출의 형태로 이루어진다. 신디케이트대출은 다수의 금융기관이 차관단(syndicate)을 구성하고 이 차관단에 참여한 각 금융기관이 자금을 분담하여 차주에게 동일한 조건으로 큰 규모의 대출을 공동으로 하는 것을 말한다. 신디케이트대출은 다음과 같은 이점이 있다. 첫째, 차입자는 대규모 자금을 조달하기 위해 개별 대출은행과 차입조건, 융자절차, 대출한도 등에 대하여 별도의 협의를 하지 않아도 되므로 거래비용을 줄일 수 있다. 둘째, 신디케이트대출 은행들은 대규모 자금 융자시 차입자의 채무불이행에 따른 대출위험을 공동융자 방식을 통해 분산시킬 수 있다. 셋째, 신디케이트

1) 예를 들어 달러화 예금이나 대출이 미국 이외의 금융시장, 즉 런던 등에서 이루어지는 경우 유로예금에 해당한다. 이 경우, 역외에서 예금이나 대출이 이루어지기 때문에 지불준비제도, 예금보험제도, 이자율 관련 규제 등 당국의 금융규제 대상이 아니다.

대출에 참여하는 중소은행들의 경우에는 이러한 신디케이트 참여를 통해 대규모 은행들의 선진 금융기법을 습득할 수 있다.
개별대출은 개별 유로은행이 주로 민간인들에게 신디케이트대출에 비해 상대적으로 소액의 대출을 하는 것을 말한다.

- 유로채권시장(eurobond market) : 유로채권시장(eurobond market)은 중장기 유로채권의 발행, 인수 및 매매가 이루어지는 국제 장기자본시장이다.
  - 유로채권은 채권의 표시통화국 이외의 지역에서 발행·거래되는 채권으로서 2개국 이상의 채권 인수업자들로 구성된 국제적 신디케이트의 인수를 통해 발행·유통되는 것이 일반적이다.

〈참고〉 신디케이트론의 차입비용

◆ **신디케이트론의 차입비용은 이자율과 기타수수료를 함께 감안한 실효차입비용으로 판단해야 한다.**

- 신디케이트론의 이자율은 기준금리(reference rate)에 일정한 가산금리(spread)를 더해 결정되며 기준금리로는 리보(Libor)가 주로 이용된다.
- 신디케이트론의 수수료 중에서는 신디케이트론을 주

선한 주간사은행에게 대출계약 서명 직후 지불하는 약정수수료(arrangement fee)가 가장 중요하다.

사례 1

신디케이트론의 실효차입비용을 실제 차입금액 기준으로 산출하는 예를 살펴보자.

※ 계산예시의 편의를 위해 신디케이트론 규모를 100달러로 가정하자. 또한 만기가 5년이고 이자율은 Libor에 일정 스프레드가 가산되는데 현재 Libor가 6%이고 스프레드가 +75bp이며, 약정수수료가 2%라고 가정하자.

1) 실제 차입액 : 100달러 − 2%(수수료) = 98달러*

* 명목차입금액은 100달러이지만 차입시점에 약정수수료(arrangement fee)를 지불하므로 실제로 유입되는 자금은 이를 차감한 98달러이다.

2) 이자 : 100달러 × 6.75% = 6.75달러*

* 이자는 계약상 명목차입금액인 100달러에 대해 6.75%인 6.75달러를 매년 지급해야 한다.

3) 실효이자율 : 6.75 ÷ 98 = 6.89%*

* 실제로 98달러의 자금이 유입되고 매년 이자로 6.75달러가 지급되므로 이 경우의 실효이자율은 6.75 ÷ 98 = 6.89%가 된다.

4) 추가 비용 요인 : $(1+r)^5 = (100/98)$에서 $r = 0.4\%$*

* 해마다 6.89%의 이자를 지급하는 것 외에 98달러를 사용하

고 5년 후 만기에는 100달러를 지급해야 하므로 98달러와의 차이인 2달러를 5년간의 추가비용으로 계상해야 하며 이는 추가적인 실효이자율 증가요인이 된다. $(1+r)^5=(100/98)$에서 $r=0.4\%$를 매년 추가적인 이자비용으로 가산해야 한다.

5) 총실효이자율 : 6.89%+0.4%=7.29%*

* 실제로 98달러의 자금이 유입되고 매년 이자로 6.75달러가 지급되며 또한 5년 후 2달러가 추가로 지급되는 점을 모두 감안하면 총실효이자율은 6.89%+0.4%=7.29%가 된다.

사례 2

올 인 코스트(all-in cost) : (사례 1)은 실제 지급하는 이자율을 기준으로 차입비용을 보여주는데 Libor가 수시로 변하기 때문에 차입비용이 다른 경우에 비해 상대적으로 높은지 또는 낮은지를 나타내지 못할 수 있다. 이에 따라 가산금리와 부대비용 기준으로 차입비용을 산출하여 사용한다.

올 인 코스트={가산금리+(수수료/만기)}/(1−수수료)

1) 가산금리 : 가산금리는 차입기간 내내 동일하므로 75bp를 그대로 적용한다.

2) 수수료 : 수수료는 대출계약 서명직후 1회 지급하며 만기까지 추가지급이 없으므로 이를 만기까지의 연수로

나누어 매년 수수료 비용을 균등하게 배분한다.(2%÷5 =0.4%)

3) 실제 유입자금 : 모든 비용은 사실상 차입금에서 수수료를 차감한 실제 차입금액에 대해 부담하므로 실효비용을 구하기 위해 수수료를 차감한 기준으로 비용을 산출한다.(1−0.02)

※ 신디케이트론 규모 100달러, 만기 5년, 이자율 Libor (6%) +75bp, 수수료 2%의 경우

올 인 코스트 ={0.0075+(0.02/5)}/(1−0.02)
=0.00115/0.98
=0.0117
=1.17%(117bp)가 된다.

또한 가산금리를 제외한 기타부대비용은 아래와 같이 계산된다.

기타부대비용=올 인 코스트−가산금리
=117bp−75bp
=42bp

▸ 참조 : 이효구 pp 235~236

3.3 유로시장의 특징

◆ **유로시장은 다음과 같은 특징이 있다.**

- 규제 대상외 : 유로시장에서 예금, 대출 업무를 중개하는 유로은행에 대해서는 국내은행에 적용되는 지준예치의무가 부과되지 않는다.[2] 이에 따라 유로은행은 조달된 자금을 국내은행에 비해 더 많이 대출하여 수익을 낼 수 있기 때문에 대출이자율을 국내은행에 비해 더 낮게 정할 수 있다.
- 최종대부자 기능의 부재 : 유로은행은 지준예치 의무, 예금보험료 납입 의무 등이 없는 반면, 유로통화의 최종대부자로서 중앙은행의 역할도 기대할 수 없고 이에 따른 거래위험이 존재한다.

  위와 같은 요인들은 유로달러 예금금리(bid rate)가 미국 국내금리보다 높은 이유가 된다. 우선, 지준예치 의무나 예금보험료 납입 의무 등이 없는 점은 예금조달 비용을 국내예금에 비해 절감할 수 있는 요인으로서 그만큼 예금금리를 더 줄 수 있는 요인이 된다. 또한 국내예금에 비해 거래위험이 높은 점은 그에 대한

---

2) 각국의 금융당국이 유로은행에 지준의무 등의 규제를 하지 않는 이유는 유로은행의 거래가 대부분 비거주자간 거래로서 직접적인 규제가 사실상 불가능하고, 유로은행을 통해 선진 금융기법의 습득과 고용 창출 등의 긍정적인 효과를 기대할 수 있기 때문이다.

리스크 프리미엄으로서 더 높은 금리를 지급해야 하는 요인이 된다.

4. 글로벌 투자은행시장

◆ **글로벌 투자은행업(global investment banking)의 범위에는 국제은행이 영위하는 국제채권과 국제주식의 인수 및 판매, 국제적 인수합병의 주선, 국제기업재무에 대한 자문, 국제자산운용, 금융파생상품거래 등이 포함된다.**

◆ **투자은행의 고유 업무는 자본시장에서 자금조달을 위해 기업과 정부가 발행하는 증권을 인수하는 업무와 기업의 인수합병(M&A)을 자문하는 업무이다.**

- 증권의 인수(underwriting)란 투자은행이 발행자로부터 증권을 일괄 매입한 후 일정 스프레드(spread)를 가산하여 다수의 투자가에게 판매하는 것을 말한다.
- 기업의 인수합병(M&A)은 투자은행이 인수합병 시장에 참여하여 인수가격의 산정과 인수자금의 조달방법 등 인수협상의 모든 과정에서 자문하는 것을 말한다.

◆ **투자은행의 또 다른 업무는 트레이딩**(trading) **업무이다. 투자은행은 주식, 채권, 외환, 원자재**(commodity)**, 파생상품**(derivatives) **등을 단기로 매매한다.**

- 이 트레이딩에는 고객의 위탁을 받아 투자상품을 매매하는 고객 트레이딩(client trading)과 투자은행 자기계정으로 투자상품을 매매하는 자기 트레이딩(proprietary trading)이 있다.

제5주

국제채권시장 Ⅰ

1. 국제채권시장의 개념

◆ **국제채권시장**(international bond market)**은 기업, 금융기관, 정부 등이 외국의 자본시장에서 국내통화 또는 외국통화로 만기 1년 이상의 장기로 채권을 발행하여 자금을 조달하는 시장이다. 국제채권은 외국채권**(foreign bond)**과 유로채권**(euro bond)**으로 구분할 수 있다.**

■ 외국채권(foreign bond)은 주요국 자본시장에서 비거주자가 그 나라 통화표시로 발행하는 채권을 말하며 그 나라 국내채권과 동일한 규제와 관행[1)]에 따라 발행된다.

- 외국채권은 대부분 별명을 가지고 있는데, 별명은 통상 발행국에 따라 붙여지게 된다. 따라서 미국에서 발행되면 양키본드(Yankee bond), 일본에서 발행되면 사무라이본드(Samurai bond), 영국에서 발행되면 불독본드(Bulldog bond), 한국에서 발행되면 아리랑본드(Arirang bond), 중국에서 발행되면 판다본드(Panda bond)로 불린다.

■ 유로채권(euro bond)은 특정통화표시 채권이 통화 발행국 이외 지역인 역외에서 발행되는 것을 말한다. 표시통화에 따라 유로달러 본드(Eurodollar bond), 유로스털

---

1) 우리나라 정부가 미국에서 달러화로 채권을 공모형태로 발행하기 위해서는 미국 증권관리위원회에 등록하고 미국법이 정하는 회계준칙에 따라 재무제표를 작성해야 하며 신용평가기관으로부터 신용등급 사정을 받아야 한다.

링 본드(Eurosterling bond), 유로엔 본드(Euroyen bond) 등[2])으로 불린다.

유로채권은 표시통화국 이외의 지역에서 발행되기 때문에 채권의 발행형태와 조건, 발행 시기 등에 있어 원칙적으로 표시통화국의 규제를 받지 않아 발행자의 선택범위가 넓다.

- 유로채는 1963년부터 미국이 장기자본의 유출을 억제하기 위해 미국에서 발행되는 외국채 투자에 이자평형세(interest equalization tax)를 부과함에 따라 발행되기 시작하였다. 또한 유럽지역의 통화 교환성 보장, 미국의 국제수지 적자에 따른 유럽에서의 달러화 유동성 증가 등도 유로채 시장이 발전하는 요인이 되었다.

◆ **글로벌채권(global bond)은 외국채권 시장과 유로채권 시장에서 모두 거래가 가능한 채권이다.**

- 글로벌채권은 1989년 세계은행(World Bank)이 최초로 발행한 이후 국제기구, 각국 정부, 다국적기업 등이 주로 발행하고 있다.
- 글로벌채권은 최우량 차입자가 대규모로 채권을 발행

---

2) 우리나라에서 외화표시로 발행되는 채권은 표시통화국 이외의 지역인 한국에서 발행되는 유로본드의 일종으로서 김치본드(Kimchi bond), 홍콩에서 중국 위안화 표시로 발행되는 유로본드를 딤섬본드(Dimsum bond)라 부른다.

할 때 주로 이용하며 미국, 유럽, 중동, 아시아 등 전세계적으로 동시에 채권의 모집 및 판매가 이루어지고 결제도 국내결제와 유로클리어(Euroclear) 등을 통한 국제적 결제가 모두 가능하다.

- 글로벌채권은 유로채권과 다음 관점에서 다르다.
    - 유로달러채권은 미국이외 지역에서 발행되는 미국달러표시 채권이고 글로벌채권은 유로달러 채권시장과 미국시장에서 동시에 발행되는 채권이다.

      따라서 유로달러채권은 채권의 판매가 미국이외의 투자자들로 제한되지만 글로벌채권은 미국증권거래위원회(SEC; Securities and Exchange Commission)의 등록절차를 통해 발행되어 전세계 투자자들과 미국의 국내 투자자들에게 자유롭게 판매가 가능하다.

2. 국제채권시장의 구조와 기능

◆ **국제채권의 발행자 : 국제채권은 주요국 정부 및 지방자치단체, 세계은행 등 국제기구, 금융기관, 기업 등이 주로 발행한다.**

◆ **국제채권의 투자자**

- 기관투자가(institutional investors) : 국제채권에 투자하는 기관으로는 정부기관, 중앙은행, 국제기구, 투자기금, 연금기금, 보험회사, 기업, 은행 등을 들 수 있다.
- 개인투자가(individual investors) : 개인도 국제채권에 투자가 가능하다.

◆ **국제채권의 발행주선 : 국제채권의 발행주선은 미국의 투자은행, 유럽계 은행 및 일본 증권사 등 국제채권 발행전문 주선기관이 주도하고 있다.**

◆ **국제채권의 중개인(broker) : 국제채권의 중개인은 매도인과 매수인을 찾아 연결하고 수수료를 수취한다.**

◆ **국제채권의 거래원(dealer) : 국제채권의 거래원은 매수가-매도가(bid-offer)를 동시에 발표하고 자기계정으로 채권매매거래를 성립시키며 그 차이인 스프레드를 이익으로 수취한다.**

◆ **국제채권시장의 기능**

- 투자가 : 국제채권시장은 투자가에게 최적의 포트폴리오 구성을 가능하게 하며 정부채, 회사채, 국제채 등의 결합을 통해 이익증대와 위험분산을 가능하게 한다.

- 발행자 : 발행자는 국제채권시장을 통해 전세계 투자자를 대상으로 필요한 통화로 다양한 국제채권을 발행할 수 있게 됨으로써 유동성과 안전성을 감안한 최적의 자본구조 추구가 가능해진다.

3. 국제채권의 발행형태별 종류

◆ **보통채**(Straight Bond) **: 보통채는 주요국의 내국채 및 국제채의 가장 전형적인 발행방식으로 정기적으로 미리 정해진 약정금리에 따라 이자를 지급하기 때문에 고정금리채라고도 한다.**

- 보통채는 만기까지의 이자지급금액이 확정되어 있기 때문에 확정된 자금수급계획이 필요한 일반기업이 발행하기에 적합한 채권이다.

◆ **변동금리채**(Floating Rate Note) **: 변동금리채는 3개월 또는 6개월 단위 등 정기적으로 변동금리에 의해 이자가 지급되는 채권이다.**

- 금리는 일반적으로 Libor 등 단기시장금리를 기준으로 하고 여기에 일정 스프레드를 가산하여 결정된다.
- 변동금리채는 장기자금 조달시 신디케이트론보다 조

달비용이 낮은 장점이 있으며 금리변동시 지급이자율도 따라서 변동하기 때문에 채권의 가격변동이 보통채(고정금리채)보다 작다.

- 변동금리채는 자금시장에서 변동금리로 자금을 조달하여 변동금리 대출로 운용하는 경우 발행하기에 적합한 채권이다.

◆ **무이표채**(Zero Coupon Bond) : **무이표채는 만기까지 약정된 이자지급이 없는 채권으로서 할인형식으로 발행된다.**

- 발행자 입장에서 무이표채는 만기까지 이자지급이 없어 추가적인 자금부담이 없으나, 반면에 명목 발행액에 비해 발행대금 수령액이 작은 점에 유념해야 한다.
- 투자자 입장에서 무이표채는 이자소득이 없고 채권의 액면가와 매입가의 차액인 자본소득만 존재하므로 자본소득에 대한 과세율이 이자소득 과세율보다 상대적으로 낮은 국가의 경우 무이표채 투자가 세금면에서 유리하다.

◆ **중기채권**(Medium Term Note) : **중기채권은 발행자가 만기, 발행금액, 발행통화, 발행채권의 종류 등을 사전에 정해진 계획에 의해 발행자의 자금수요, 시장상황, 투자자의 요구 등을 반영하여 자유로이 발행하는 채권이다.**

- 중기채권 시장은 미국 증권위원회(SEC)가 1982년 3월에 Rule 415를 도입하여 향후 2년간 발행이 예상되는 금액을 일괄 등록하고 동 금액 범위내에서 별도의 등록절차 없이 자유로이 채권을 발행할 수 있게 한 일괄등록제도에서 시작되었다.

◆ **전환채**(Convertible Bond) **: 전환채는 확정이자를 지급하는 채권이지만 일정조건 아래 발행기업의 보통주로 전환할 수 있는 선택권**(option)**이 부여된 채권이다.**

- 전환채는 채권으로서 확정 이자소득을 갖는 데 더하여 주식전환에 따른 자본이득의 가능성이 있다. 이러한 주식전환의 가치가 감안되어 통상적으로 전환채의 액면이자율은 보통채의 경우보다 다소 낮다.

◆ **주식매입권부채**(Bond with Warrant) **: 주식매입권부채는 채권 소지자에게 일정기간내에 발행기업의 주식을 일정가격으로 매입할 수 있는 권리가 부여된 채권이다.**

- 투자자는 주가상승시 주식매입권을 행사하여 주식을 매입함으로써 자본이득을 기대할 수 있고 이로 인해 발행이자율은 보통채에 비해 다소 낮은 것이 일반적이다.
- 주식매입권부채와 전환채는 그 성격이 유사하나 한

가지 차이점이 있다. 전환채가 주식으로 전환되는 경우는 채권 자체가 주식으로 전환되기 때문에 주식전환 자금을 추가로 납입할 필요가 없다. 그러나 주식매입권부채에 의해 주식을 매입하는 경우는 주식 매입대금을 추가로 납부하여야 하며 이 주식매입권은 주식매입권부채와 분리되어 유통될 수 있다.

4. 채권 명명 관행

4.1 이표채(Coupon Bond)

◆ **이표채는 일정 주기(예: 반기 또는 년)로 이표(coupon)에 표시된 이자가 지급되는 채권으로서 채권의 내용은 발행기관명, 이표율, 만기(월/년)로 표시된다.**

- 미 재무부채권의 경우 "T/N 7¼ 5/16"의 형식으로 표시되는데 이는 발행기관은 미국 재무부(US Treasury), 이표율은 7¼%(7.25%), 만기는 2016년 5월인 채권임을 의미한다.
- 정부기관이 발행하는 채권은 그 채권의 발행기관명을 표시한다. 예를 들어 "FHLMC 4.125 4/12"의 경우 FHLMC(Federal Home Loan Mortgage Corporation)이 발행한

이표 4.125%, 만기 2012년 4월의 채권임을 의미한다.

- 회사채는 시장에서 통용되는 회사 이름의 약칭을 사용한다. 예를 들어 "GE 5.5 3/13"의 경우 GE(General Electric)이 발행한 이표율 5.5%, 만기 2013년 3월의 채권임을 의미한다.

4.2 할인채(Discount Note)

◆ **할인채는 통상 만기가 1년 이내이고 이표가 없기 때문에 발행기관명, 만기(월/일)로 채권 내용을 표시한다.**

- 예를 들어 "T/B 3 MO 1/31"의 경우 미국 재무부가(T) 3개월물로(3 MO) 발행한 Bill(B)로서 만기가 1월 31일(1/31)에 도래하는 채권을 의미한다.

4.3 무이표채(Zero Coupon Bond, zeros)

◆ **무이표채도 할인채와 마찬가지로 이자가 지급되지 않고 만기에 투자가에게 액면금액만 지급되기 때문에 발행기관명과 만기(보통 년)로 채권 내용을 표시한다.**

- 예를 들어 "Anixter zr20"의 경우 Anixter Corp.이 발행하고 만기가 2020(20)년에 도래하는 무이표채(zr)를 의미한다.

5. 채권가격 호가 방법

5.1 일반적인 가격 호가 원칙

◆ **모든 채권은 가격(price) 또는 수익률(yield) 기준으로 가격을 제시한다.**

- 가격은 액면금액(par)의 백분율로 호가한다. 예를 들어 98½은 액면금액의 98.5%임을 의미한다. 동 채권의 액면금액이 $5,000이라면 $5,000×0.985=$4,925를 의미한다.
- 그러나 미국 재무부증권(Treasury)의 경우 1% 미만은 32분의 1 단위로 호가된다. 예를 들어 미국 재무부채권 가격이 98-10으로 호가된 경우에는 현재가격이 98 10/32, 즉 98.3125임을 의미한다.

◆ **호가되는 가격은 경과이자(accrued interest)를 포함하지 않는 상태의 가격으로서 이를 clean price라고 한다.**

- 따라서 실제 거래되는 가격에는 경과이자가 포함되기 때문에 호가보다 실제 거래가격(호가+경과이자)이 더 높아질 수 있다.

5.2 미국 재무부채권의 호가 방법

◆ **이표채인 Treasury Note 및 Treasury Bond는 액면금액의 백분율로 호가되며 1% 미만은 32분의 1 단위로 호가된다.**

- "T/N 6 7/02 101-22/101-23 1.76"으로 호가된 경우, 이는 이표율 6%(6), 만기가 2002년 7월(7/02), 투자자 매도가, 딜러 매입가(bid price)가 액면가(par, 100)의 101 22/32%(101.6875%), 투자자 매입가, 딜러 매도가(offered price)가 액면가(par, 100)의 101 23/32%(101.718 75%), 현재 수익률은 1.76%임을 의미한다.

◆ **할인채**(Treasury Bill)**는 이표**(coupon)**가 없기 때문에 만기 및 할인률**(discount rate)**로만 호가한다.**

- 만기 1년 미만의 미국 재무부채권(T/B)이 "3MO 1/31 7.085(05)-075(05)"로 호가되었다면, 만기 3개월물로 발행되어(3MO) 1월 31일에 만기가 도래하는(1/31) 미정부 할인채(T/B)의 투자자 매도할인율 또는 딜러 매입할인률(bid rate)이 5백만 달러에 대해(05) 7.085%, 투자자 매입할인율 또는 딜러 매도할인률(offered rate)이 5백만 달러에 대해 7.075%임을 의미한다.

5.3 정부기관채 및 회사채 등의 호가 방법

◆ **정부기관채 및 회사채의 호가방법은 기본적으로 미국 재무부채권 호가방식과 동일하나, 1% 미만 가격에 대해 단순 백분율을 사용한다**(decimal pricing quatation).

- 미국 회사채가 "ATT 8⅛ 22 8.1[yield] 308[volume] 99¾ [price]+1/4[change]"로 호가된 경우, ATT가 발행하고 이표율이 8.125%, 만기가 2022년인 회사채의 수익률이 현재 8.1%이며, 특히 $308,000의 물량이 액면가격의 99.75%로 거래될 수 있음을 나타내고 있다. 가장 우측의 +1/4은 동 채권의 가격이 이전 거래에 비해 0.25%p 상승하였음을 나타낸다.
- 만일 회사채가 "Anixter zr 20 11[volume] 27[price]+1½ [change]"로 호가된 경우, Anixter Corp이 발행하는 무이표채(zr)로서 만기가 2020년에 도래하고 현재 $11,000의 물량이 액면가격의 27%로 호가되고 있으며 가격이 이전 거래에 비해 1.5%p 상승하였음을 의미한다.

6. 국제채권의 신용등급

6.1 채권 신용등급의 의의

◆ **채권투자에서 발행자의 신용도는 채권의 부도 가능성, 금융시장 불안정시 채권가격의 하락 가능성에 영향을 미치므로 매우 중요하다.**

- 그러나 채권투자자가 발행기관의 신용도를 직접 분석하는 것은 쉽지 않으므로 전문 신용평가기관들이 제공하는 신용정보가 채권투자 결정에 중요하게 영향을 미친다.

6.2 국제 신용평가사

◆ **국제 신용평가사 중 3대 신용평가사로는 무디스**(Moody's Investors Service), **스탠다드 엔 푸어스**(Standard & Poor's), **그리고 피치**(Fitch)**를 들 수 있다.**

- 무디스(Moody's Investors Service) : 1909년 존 무디(John Moody)에 의해 설립되었으며 1929년 대공황 당시 무디스가 우량판정을 내린 기업들이 많이 살아남으면서 대표적인 신용평가회사로 인정받게 되었다.
- 스탠다드 엔 푸어스(Standard & Poor's) : 1916년에 설립

되어 투자 관련 정보 제공과 조언 및 신용분석을 하고 있으며 S&P 500주가지수를 산출하고 있다.

■ 피치(Fitch) : 1913년 뉴욕에 설립되었으며 1997년 영국의 IBCA그룹과 미국의 피치 인베스터스(Fitch Investors)의 합병으로 Fitch IBCA가 되었다가 2000년 DCR(Duff & Phelps Credit Rating)을 흡수합병하여 Fitch로 부른다.

세계 3대 신용평가기관의 등급기준

신용평가사		Moody's	S&P	Pitch
장기	투자등급	Aaa	AAA	AAA
		Aa1,Aa2,Aa3	AA+,AA,AA−	AA+,AA,AA−
		A1,A2,A3	A+,A,A−	AA+,AA,AA−
		Baa1,Baa2,Baa3	BBB+,BBB,BBB−	BBB+,BBB,BBB−
	투기등급	Ba1,Ba2,Ba3	BB+,BB,BB−	BB+,BB,BB−
		B1,B2,B3	B+,B,B−	B+,B,B-
		Caa1,Caa2,Caa3	CCC+,CCC,CCC−	CCC+,CCC,CCC−
		Ca	CC	CC
			C	C
		C	D	DDD,DD,D
단기	투자등급	P−1	A−1+	F−1+
			A−1	F1
		P−2	A−2	F2
		P−3	A−3	F3
	투기등급	NP	B	B
			B−1	
			B−2	
			B−3	
			C	C
			D	D

자료: 한국은행 외화자금국, 국제채권시장의 이해, p85.

6.3 채권 신용등급과 가산금리

◆ **국제채권의 발행금리는 기준금리에 스프레드를 더하여 결정되며, 스프레드 결정시에는 발행자의 신용등급, 만기 수급상황 및 시장여건 등이 고려된다.**

- 발행자의 신용등급은 발행자의 자금사정 및 부도위험 등을 반영하여 결정되기 때문에 가산금리 결정에 가장 중요하게 영향을 미친다.
- 만기 수급상황은 기관투자가들이 포트폴리오 구성시 투자적격증권과 부적격증권에 대한 투자한도, 국가별 및 동일 발행자에 대한 위험노출(exposure) 한도를 중시한다는 관점에서 가산금리 결정에 영향을 미친다.
- 시장의 자금사정이 호전되면 유동성이 풍부해지고 채권에 대한 수요도 증가하기 때문에 가산금리가 축소된다. 또한 동일한 신용등급의 채권이더라도 경기회복 단계 국가의 채권이 경기하강 국면 국가의 채권보다 채권수요가 양호하기 때문에 가산금리가 낮다.

7. 국제채의 결제기구

7.1 국제채 결제기구의 설립

◆ **주요국 증권결제기구의 설립 : 주요국은 증권실물의 이동, 거래대금 이체 등으로 증권의 운송비용 발생, 증권 분실 또는 자금이체상 오류 등의 위험을 감안하여 자금결제제도와 별도로 증권결제기구를 설립하였다.**

- 주요국의 증권결제기구 기능은 미국의 FRB, 프랑스의 SICOVAN, 일본의 JSCC, 스위스의 SRGA, 독일의 German Kassenverein 등이 수행하여 왔다.

◆ **유로채시장의 급속한 성장으로 국제간의 거래를 원활히 하기 위한 국제적인 증권결제기구가 필요해짐에 따라 Euroclear, Clearstream 등이 설립되었다.**

- Euroclear : Euroclear는 Morgan Guaranty Trust Company of New York에 의해 벨기에 브뤼셀에 설립된 국제중앙증권예탁기구이며 80여 개국 이상의 증권기관에 국내외 채권, 주식, 파생상품, 펀드 등의 서비스를 제공하고 있다. 2000년에 벨기에가 Euroclear를 운영하기 위해 설립한 Euroclearbank에 모든 기능이 이관되었다.
- Clearstream : 2000년에 CEDEL[3]과 Deutche Borse Clear-

ing이 합병하여 설립된 기구로서 핵심 비즈니스 영역은 채권시장이며 주로 유럽계 은행들과 국제투자은행 및 중앙은행들이 이용하고 있다.

- 결제지시는 SWIFT(Society for Worldwide Interbank Financial Telecommunication) 시스템을 이용한다. SWIFT는 1973년 벨기에 브뤼셀에 설치된 비영리기구로서 1977년부터 국제금융거래의 메시지를 표준화된 양식으로 컴퓨터 네트워크를 통해 전달, 처리함으로써 국제금융결제가 신속하게 이루어지는 데 크게 기여하고 있다.

7.2 국제채 결제기구의 주요 기능

◆ **증권청산 및 결제 업무 : 증권청산 및 결제는 증권의 매매에 따라 매도자의 증권결제구좌에 보관된 증권을 인출하여 매입자의 증권결제기구로 이체시키는 과정을 말한다.**

- 매입자와 매도자는 SWIFT 등을 이용하여 결제지시를 Euroclear, Clearstream 등 증권결제기구에 보낸다.
- 증권결제기구는 이를 대조한 후 증권은 매도자의 결

---

3) Centrale de Livraison de valeur Mobilieres S.A.로서 미국계인 Euroclear에 대항하여 유럽 98개 은행의 공동출자에 의해 1971년 룩셈부르그에 설립되었다.

제구좌로부터 매수자의 결제구좌로 장부간 이체방식(book-entry)에 의해 이동하고 결제대금은 매입자의 현금구좌에서 매도자의 구좌로 이체한다.

◆ 자금이체 및 신용공여 업무 : 증권결제기구는 해당 결제기관 이용자들 사이의 자금이체 및 외부 금융기관으로의 자금이체가 가능하도록 이체망을 개설하여 예기치 못한 자금부족 발생시 사전에 계약한 범위 내에서 부족분을 충당해주는 신용공여 서비스를 제공한다.

◆ 보관업무 : 증권의 매입자가 증권의 만기까지 취해야 할 행동을 대리해 주는 것으로 증권의 현물보관(safekeeping), 액면이자(coupon) 또는 배당금의 수령, 만기의 원금 수령, 각종 세금의 정산, 기타 옵션의 행사 등과 관련된 업무를 수행한다.

◆ 증권의 대여 및 차입 업무 : 증권의 대여 또는 차입을 대행해 주는 것으로 대여자에게는 증권의 소유권 상실 없이 수수료 수익을 추가로 얻게 해주며 차입자에게는 증권부족으로 인한 결제불능 사태를 피하게 해주는 효과가 있다.

8. 국제채권 투자의 의의

8.1 국제채권 투자의 유용성

◆ 금리와 환율 동시 고려 : 국제채권 투자는 금리수준과 환율변동의 두 가지 측면을 동시에 고려하여 다양한 채권에 투자가 가능하기 때문에 투자자의 선택 폭이 넓다.

◆ 위험 분산 : 국제채권 투자를 통해 자국채권 투자에 집중함으로써 발생하는 투자위험의 분산이 가능하다.

- 자국 내에서 투자채권의 종류를 다양화하더라도 이 채권들은 자국의 경제 상황으로부터 동일한 방향으로 영향을 받는 요인들이 많기 때문에 외국채권을 투자대상에 포함함으로써 투자위험의 분산효과를 기대할 수 있다.
- 또한 분산투자의 효과는 환율변동에 의해 크게 영향을 받기 때문에 분산투자 대상채권의 표시통화를 다양화하고 선물, 옵션 등의 파생상품을 효과적으로 활용할 필요가 있다.

8.2 국제채권 투자의 유의사항

◆ **국제채권 투자시에는 다음 사항에 유의할 필요가 있다.**

- 정치적 위험, 환율변동 등 국제채권 투자에 수반되는 위험을 사전에 평가하기가 쉽지 않은 점을 감안하여 이에 대응할 수 있어야 한다.
- 시장제도 및 시장관행상의 차이, 언어 및 문화의 차이로 인해 최선의 투자수행이 어려울 수 있으므로 이를 극복하려는 노력을 항상 기울여야 한다.
- 채권거래 비용, 채권보관 비용 및 기타 비용이나 수수료가 내국채 투자의 경우보다 불리할 수 있는 점을 감안해야 한다.
- 국제채의 매입 후 중도 매도 필요시 외국의 시장규모가 협소하거나 유동성이 부족하여 큰 손실이 발생할 가능성을 사전에 점검할 필요가 있다.

제6주

국제채권시장 Ⅱ

9. 주요 국제채권시장

9.1 미국 채권시장

◆ **정부채 시장 : 미국 정부채 시장은 미국 정부의 원리금 상환 보증 하에 미국 재무부가 발행하는 채권**(US Treasury securities)**이 발행·유통되는 시장을 말한다.**

- 미국 정부채는 미국 의회에서 승인받은 한도 내에서 미국 재무부가 발행하도록 되어 있으며, 실제 발행사무는 미국 연준이 대행하고 있다.
- 미국 정부채는 세계에서 유동성이 가장 풍부하고 미국 정부의 보증에 의해 신용위험이 없는 채권이기 때문에 주요국 중앙은행, 펀드, 기관투자가들이 많이 투자하고 있으며 여타 채권의 benchmark 기능, 리스크 헤지 수단, 국제채권시장 동향의 판단지표 등으로 널리 활용되고 있다.
- 국제금융시장에서 미국 정부채가 갖는 의미를 다음과 같이 요약할 수 있다.
  - 미국 및 국제채권시장에서 가격산출 및 호가표시의 기준
  - 포트폴리오 매니저들이 투자의 기준으로 삼는 벤치마크의 중요 구성요소
  - 미 달러화 및 국제채권시장에서 채권포지션 헤지에 가장

많이 이용되는 자산

- 국내 및 국제금융시장 거래에서 가장 널리 인정되는 담보물
- 민간부문, 특히 은행부문의 유동성 관리용 매매 또는 담보로 이용
- 각국 정부의 외환보유액 구성항목 중 가장 중요한 자산
- 미 연준의 주요 통화조절 조치에 사용되는 대표적인 자산
- 국제금융시장의 가장 대표적인 안전자산으로 기능

■ 미국 정부채의 종류 : 미국 정부채는 시장성 채권과 비시장성 채권으로 분류되지만 여기서는 시장성 채권인 bills, notes, 및 bonds만 설명한다.

- bills는 1개월(4주), 3개월(13주), 6개월(26주), 1년(52주) 등 1년 이하의 단기채권으로 이자지급이 없는 할인채(zero coupon bond)의 형태로 발행된다.
- notes는 2년, 5년, 10년 만기로 6개월마다 이자가 지급되는 이표채(coupon bond)의 형태로 발행된다.
- bonds는 30년 만기로 notes처럼 6개월마다 이자가 지급되는 이표채로 발행된다.
- TIPS(Treasury Inflation-Protected Securities) : TIPS는 인플레이션만큼 원금을 가산하여 인플레이션에 의해 실질이자가 감소하지 않는 채권으로 1997년부터 발행되고 있다.

■ 미국 정부채의 발행방법 : 미국 정부채의 입찰은 경쟁입찰과 비경쟁입찰로 구분된다.

- 경쟁입찰은 투자자가 매입가격(실제로는 수익률)과 규모를 표기하여 응찰하는 것으로 제시가격이 낙찰가격보다 높은 경우에 낙찰된다. 따라서 매입가격(수익률)을 스스로 결정할 수 있는 장점이 있다. 반면에 경쟁입찰을 통해 배정되는 물량은 전체 입찰물량에서 비경쟁입찰 물량을 차감하여 결정되므로 낙찰 받지 못할 가능성이 있다.
- 비경쟁입찰은 매입가격을 지정하지 않고 매입규모만 제시하는 방법으로 이루어지며 매입가격은 경쟁입찰의 낙찰가격을 적용한다. 따라서 원하는 매입물량을 확보할 수 있으나 매입가격을 투자자 자신이 결정할 수는 없다.

■ 미국 정부채의 입찰절차 : 미국 정부채의 입찰시 미 연준은 재무부의 재정대리인(fiscal agent) 역할을 수행하며 primary dealer는 증권인수 역할을 담당한다.

- primary dealer는 뉴욕 연준과 정부채를 직접 거래할 수 있도록 승인된 기관으로서 증권회사, 은행 등으로 구성되어 있다.

  primary dealer는 시장성 정부채를 인수하고 시장을 조성하여 참가자들의 적극적인 거래를 유도하는 등 시장에 유동성을 제공하는 한편, 미 연준 공개시장운영의 연결고리 역할을 수행한다. 이와 관련하여 primary dealer는 연준에 정부채권 거래물량 및 보유 포지션을 보고하는 의무를 지고 있다.

■ 미국 정부채의 입찰방식 : 미국 정부채의 입찰방식에는 conventional 방식과 Dutch 방식이 있다.

- conventional 방식은 각 입찰자들이 제출한 가격 중 가장 높은 가격(낮은 수익률)을 제시한 입찰자부터 순차적으로 낙찰시키는 방식으로 인수가격은 각 입찰자가 제시한 가격으로 결정한다. 따라서 multi-price auction이라고도 한다.
- Dutch 방식은 각 입찰자들이 제출한 가격 중 가장 높은 가격(낮은 수익률)을 제시한 입찰자부터 순차적으로 낙찰시키되, 인수가격은 낙찰자들의 제시가격 중 가장 낮은 가격(높은 수익률)을 단일 가격으로 적용한다. 따라서 unit-price auction이라고도 한다.

■ 미국 정부채 입찰의 성공여부를 평가하는 지표로 bid-cover ratio가 주로 사용된다.

- bid-cover ratio : bid-cover ratio는 발행물량과 입찰물량의 비율로서 동 비율이 높을수록 입찰물량이 많았고 따라서 발행채권에 대한 관심 및 수요가 많았음을 의미한다. bid-cover ratio가 채권의 만기별로 다른 경우 이는 투자가들의 경기전망에 대한 방향성을 나타낼 수도 있다.
  예를 들어 2년물 미국채 발행의 bid-cover ratio가 5년물 미국채의 경우에 비해 상대적으로 높다면 이는 상대적으로 단기채권의 수요가 큰 것을 의미한다. 투자가들이 상대적으로 단기 경제전망을 장기에 비해 더 부정적으로 보아 단기채권의 수요가 컸다고 해석할 수 있다.

◆ **정부기관채 시장 : 정부기관채 시장은 미정부기관**(federal government agencies) **또는 미정부 후원기업**(government sponsored enterprises)**이 발행한 채권이 거래되는 시장이다. 미국 정부기관채는 유동성과 안전성이 우수하면서도 정부채보다 수익률이 높기 때문에 미 정부채의 대체투자물로서 중요하다.**

■ 주요 발행기관은 아래와 같다.

① Fannie Mae : Fannie Mae는 주택모기지 유통시장 육성을 위해 1938년에 국가주택법(National Housing Act)에 의해 설립되었으며 1954년에 국가가 일부지분을 소유하는 공영기업으로 전환되었다가 1968년 Fannie Mae와 GNMA로 분리되었는데 Fannie Mae는 연방정부의 설립인가를 받아 일반기업으로 전환되었다.

• 발행채권 : 일반채권, 후순위채권, MBS(Mortgage Backed Securities)채권[1])을 발행한다.

---

1) Fannie Mae가 설정한 일정기준에 부합하는 모기지 대출이나 MBS채권의 풀(pool)을 기초로 하여 발행하는 mortgage pass-through채권이다.
mortgage pass-through채권: 기초자산인 mortgage pool에서 발생하는 현금흐름이 채권보유자에게 그대로 이전되는 구조의 MBS이다.

② Freddie Mac : Freddie Mac은 Federal Home Loan Mortgage Corporation(FHLMC) Act에 의해 주택모기지 대출기관에 대한 유동성 공급을 목적으로 설립되었다.

- 발행채권 : 일반채권, 후순위채권, PC(Participation Certificates)[2]를 발행한다.

③ Federal Home Loan Bank System : 1932년 Federal Home Loan Bank Act에 의거 설립되었으며 12개 지역 Federal Home Loan Bank와 Federal Housing Finance Board로 구성되었다.

- 발행채권 : 만기 1일에서 10년 이하 채권을 발행하고 있다.

④ Farm Credit System : 1916년에 설립된 Federal Land Bank가 1933년에 Federal Intermediate Credit Banks 등을 통합하여 Farm Credit System으로 출범하였다.

- 발행채권 : 만기 1일부터 5년 이하의 다양한 만기의 채권을 발행하며 이 기관이 발행하는 채권은 systemwide debt obligation으로 불린다.

---

2) Freddie Mac이 설정한 일정기준에 부합하는 모기지 대출이나 PC채권의 풀(pool)을 기초로 하여 발행하는 mortgage pass-through 채권으로 Fannie Mae가 발행하는 MBS와 성격이 동일하다.

■ 거래방식 : 정부기관채의 유통시장 거래방식은 아래와 같다.

① 일반채권 : 정부기관이 발행하는 채권은 통상적으로 정부채보다 수익률이 높기 때문에 정부기관채의 가격은 미정부채 또는 Libor대비 스프레드로 표시되어 거래된다. 예를 들어 FHLMC 2 ⅞ 6/10 63.3/62.3의 경우, FHLMC, 즉 Freddie Mac이 발행한 채권으로서 coupon 이자율이 2.875 %이며 만기가 2010년 6월이고 현재 bid/offer 스프레드가 동일만기 미정부채 수익률대비 +63.3/+62.3bp에서 형성되고 있음을 나타낸다.

② callable 채권 : callable채권도 정부기관채의 가격이 미정부채 또는 Libor대비 스프레드로 표시되어 거래되지만, callable 채권의 특성상 옵션가치를 제외한 후의 정부채와의 스프레드(Option Adjusted Spread, OAS)에 의해 정부기관채의 가치를 평가할 수 있다.
예를 들어 FHLMC 5.43 13-09 callable 채권으로서 Spread가 205.9bp, OAS가 +53.01bp인 경우, FHLMC, 즉 Freddie Mac이 발행한 채권으로서 정부채대비 총 스프레드는 205.9bp이지만 옵션가격을 제외한 스프레드(OAS)는 53.01 bp로서 이 OAS 53.01bp가 동일만기의 국채와 가격을 비교하는 기준이 된다.

9.2 독일 채권시장

◆ **정부채 시장 : 독일 연방정부채는 독일 자본시장 및 비거주자의 금융거래에 있어 중요한 역할을 수행하여 왔으며 유로화 도입 이후에는 독일 연방정부채가 유로지역 자본시장의 benchmark 채권의 기능을 수행하고 있다.**

■ 독일 정부채의 종류

- Bunds(Bundesanleihen) : Bunds는 독일 연방정부가 10년 및 30년 만기로 발행하는 장기 연방정부채로서 auction을 통해 발행된다. 독일 연방정부채권 중에는 채권의 원금과 이자를 분리하여 거래하는 strip이 가능한 채권이 있다.
- Bobles(Bundesobligationen) : Bobles는 독일 연방정부가 5년 만기로 발행하는 중기 연방정부채로서 중기채권시장에서 매우 중요하다.
- Schätze : Schätze는 독일 연방정부가 2년 만기로 발행하는 연방정부채로서 auction을 통해 발행된다.
- 물가연동채 : 물가연동채는 독일 연방정부가 유럽통계청이 매월 발표하는 HICP(Harmonized Index of Consumer Prices) 인플레이션에 연동하도록 발행하는 채권이다.
- Bundesschatzbriefe : Bundesschatzbriefe는 독일 정부채에 대한 개인투자 확대를 위하여 도입되었으며 매입자를 개인, 비영리 자선단체 및 교회로 한정하고 있다. 투자자는 매년 1회 채권을 매각할 수 있는 권리가 주어지는 putable

채권[3])으로 발행되며 6년 만기의 고정금리채권과 7년 만기의 할인채권 두 종류가 있다.

◆ **담보부채권**(covered bond) **: covered bond는 금융기관이 발행한 채권으로서 발행자의 신용 외에 특정담보에 의해 원리금 상환이 보장된다. 독일에서 발행되는 covered bond에는 Pfandbrief와 Jumbo Pfandbrief가 있다.**

■ Pfandbrief : Pfandbrief는 독일에서 발행되는 covered bond로서 유로지역 covered bond 시장 발전의 모태[4])가 되었다.

- Pfandbrief는 독일 금융감독원의 허가를 받는 경우 모든 독일 은행이 발행할 수 있다.
- 그러나 Pfandbrief는 전통적인 covered bond로서 주로 소규모로 발행되고 투자자들이 대체로 만기보유 전략을 유지함에 따라 유동성 및 유통시장 발달이 제한적인 한계가 있다.

■ Jumbo Pfandbrief : Pfandbrief가 갖는 위에 언급한 문제점을 극복하기 위해 1995년 독일에서 유통시장에 시장조성자 개념을 도입한 Jumbo Pfandbrief가 도입되었

3) put option을 행사하여 채권을 중도에 매각하는 경우 투자자는 원금과 경과이자를 합한 금액을 받는다.

4) 최초의 Pfandbrief는 1769년 Frederik II세 재위시 Silesia 지역에서 프러시아 전쟁 후의 재건사업을 위해 영주들의 재산을 담보로 발행되었다.

다. 이로 인해 Pfandbrief의 유동성이 높아지고 국제화가 크게 진전되었으며 또한 Pfandbrief 시장도 크게 발전하였다.

- Jumbo Pfandbrief는 최소 발행규모가 10억 유로이고 대부분 고정된 쿠폰 이자율 및 원금일시상환 조건이며, 추가 발행시 규모는 1.25억 유로를 상회해야 한다. 또한 buy back 조건의 경우 buy back 규모는 발행잔액의 50%를 초과할 수 없으며 적어도 5개 이상의 시장조성자가 있어야 한다.

9.3 영국 채권시장

◆ **정부채 시장 : 영국 정부채는 재정적자 보전, 정부채의 만기상환자금 조달, 금융시장 조절 목적 등으로 발행되며 Gilts가 대표적이다.**

■ Gilts : Gilts는 gilt-edged bonds로서 영국 정부채 증서에 금박의 테가 있다고 붙여진 이름이며 이표부 방식으로 발행된다. Gilts에는 다음과 같은 종류가 있다.

- Conventional Gilts : 영국 정부채 시장에서 차지하는 비중이 가장 높으며 채권보유자는 만기일까지 6개월마다 고정된 액면이자를 지급받고 만기에 최종이자분과 원금을 상환 받는 가장 일반적인 형태의 채권이다.

- Index-linked Gilts : 6개월마다 지급되는 이자와 원금을 영국 소매물가지수에 연동시킴으로써 물가상승에 따른 구매력 감소로부터 보호되는 물가연동채권이다.
- Double Dated Gilts : 미리 고시된 2개의 상환기일 사이의 call date에 정부가 조기상환을 결정할 수 있는 call option이 부여된 채권이다.
- Undated Gilts : 상환일이 정해져 있지 않은 영구채권으로, 1947년 이후 신규발행은 중지하였으나 기 발행분이 남아 있다.
- 외국통화 표시 Gilts : 영국 정부채 중에는 미 달러화 및 유로화 표시로 발행된 6가지 외국통화 표시 채권이 있으며 특히 미 달러화 표시 채권 중에는 변동금리부 채권도 있다.

■ Treasury Bills : 1877년 최초로 Treasury Bill이 할인방식으로 발행되었으며. 만기는 주로 3개월이다.

◆ 비정부채 시장 : 영국의 비정부채는 외환보유 통화로서 파운드화의 중요성, 보험사 및 연기금 등의 장기보유자산 수요 등으로 활발히 거래되고 있다.

■ 비정부채의 종류로는 정부관련채, 회사채, MBS가 대표적이다.

9.4 일본 채권시장

◆ **정부채 시장 : 일본 채권시장은 대부분 일본정부채**(JGB) **위주로 거래되고 있고 거래의 대부분도 일본 국내투자자가 주도하고 있으나, 풍부한 유동성과 안전성을 갖춘 국제채권시장의 하나로 인식되고 있다.**

정부채의 발행방법에는 입찰에 의한 공개매각(public offering via auction), **신디케이트에 의한 일괄인수**(underwriting), **재무부 기금운용국**(Trust Fund Bureau)**에 의한 일괄인수의 3가지가 있으나, 대부분의 JGB가 conventional 방식의 공개입찰에 의해 발행되고 있다.**

- 할인채 : 할인채로 발행되는 만기 1년 이하 일본정부채는 1개월~6개월 만기의 FB(Financial Bill)와 6개월~1년만기의 TB(Treasury Bill)로 구분된다.
- 중장기채 : 2년 이상 중장기채의 대부분은 고정금리부로 발행되고 있으며 10년채가 일본정부채의 benchmark 역할을 수행한다.

  만기 15년채는 변동금리부로 발행되지만 CMT(Constant Maturity Treasury)[5]라고 불린다.

---

5) 매 이자지급일(연 2회)에 약정된 장기금리(기준금리 : 통상 6개월전의 10년만기 정부채 금리)를 기준으로 스프레드를 가감하여 이자를 지급하는 형태로, 변동금리를 지급하면서도 그 기준이 되는 금리는 장기 고정금리이므로 고정금리와 변동금리가 혼합된 성격의 채권이다.

- 물가연동채 : 2004년부터는 10년 만기 물가연동 정부채(Inflation-Indexed JGB : JGBi)가 발행된다.

◆ **회사채 시장 : 일본의 회사채 시장은 과거 은행 무보증채와 전기설비회사 중심으로 채권발행이 이루어지다가 최근 크게 성장하였으나 정부채 시장에 비해서는 발행 및 거래물량이 상대적으로 미미한 수준이다.**

- 회사채의 종류로는 전력회사 등이 발행하는 전력채, 기타 일반회사가 발행하는 보통채 및 통신회사가 발행하는 통신채가 대표적이다.
- 회사채의 발행 형태 : 회사채 발행 형태는 고정금리로 발행되는 3년 이상 중장기채가 대부분이다.

제7주

국제채권시장 Ⅲ

10. 채권의 가격결정이론

10.1 현재가치(現在價値, Present Value, PV)

◆ **금년 말에 지급되는 1달러는 미래가치 기준이며 현재의 1달러와는 그 가치가 다르다.**

■ 현재의 1달러를 은행에 예금하면 이자율이 연 i%라고 가정할 때 이 1달러는 1년 후 $1\times(1+i)$[1]달러가 된다.

■ 반대로 내년에 1달러를 지급하는 채권을 지금 산다면 채권이 지급하는 1달러는 미래가치이기 때문에 지금 매입금액은 1달러가 아니다.

- 미래가치 1달러는 현재가치(Present Value, PV)와 이자율의 곱으로 구성되어 있다. 즉, 내년의 미래가치 1달러는 $PV\times(1+i)$인 것이다.
- 따라서 내년에 1달러를 지급하는 채권을 매입하기 위해서는 만기까지의 이자부분을 제거하고 현재가치만을 구하는 작업이 필요하다. 이 과정이 할인(割引, discounting)이며 아래와 같이 계산한다.

$$PV\cdot(1+i)=1\text{dollar},\quad PV=\frac{1}{(1+i)}$$

---

1) i는 퍼센트(%) 기준으로 표시한다. 따라서 i가 5%일 경우 $(1+i)$는 1.05임을 의미한다.

10.2 이표채(coupon bond)의 현재가치

◆ 이표채의 개념

■ 이표채(利票債)란 이자쿠폰(coupon)을 가진 채권이란 뜻이다. 채권은 만기(滿期, maturity)까지 매기간(예 : 매반기 또는 매년) 발행금액(發行金額, face amount, F)에 발행시 정해진 이자율(發行金利, coupon interest rate, i_{cp})을 곱한 금액을 이자로 지급하고 만기에는 액면금액을 지급한다.

- 이표채라는 이름은 이처럼 과거에 채권에 이표가 붙어 있는 상태로 발행되었던 데에서 유래되었다. 보유자는 매기간 이표를 떼어서 발행자에게 제출하고 이자를 받았다. 최근에는 이표채의 이자가 계좌이체를 통해 지급된다.
- 발행시 미리 정해진 이자율은 채권의 발행금리(coupon interest rate, i_{cp})를 말하며 채권 보유자가 매기간 받는 이자수입(coupon interest income, C)은 채권의 발행금액에 채권의 발행금리를 곱하여 산출된다($C = F \cdot i_{cp}$).
- 이표채가 발행시 미리 정해진 이자율로 매기간 이자를 지급하기 때문에 이표채 보유자는 시장 이자율이 변동하더라도 이미 정해진 이자수입을 얻게 된다.
  여기에서 고정수입(fixed income)이란 용어가 나왔고 고정수입 자산(fixed income asset)은 곧 채권을 의미하게 되었다. 또한 이표채의 이자수입이 시장 이자율의 변동에도 불구하고 보장되기 때문에 이표채를 포함한 채권들은 대표적인 안전자산으로 간주되고 있다.
다만, 여기에서 안전자산이란 말은 미래에 수령하는 채권의 이자금액과 액면금액이 이미 정해져 있다는 것일 뿐, 미래에 수령하는 이자금액과 액면금액의 현재가치는 시장 이자율의 등락에 따라 변동하며 이 점이 국제금융시장 리스크의 중요한 부분이라는 점에 유념해야 한다.

◆ 이표채의 현재가치 산출 과정

- 이표채의 현금흐름(cash inflow, CF)은 매기간 유입되는 이자수입(coupon income, C)과 만기에 수령하는 액면금액(face value, F)으로 구성되어 있다.

$$CF = C + C + C + \cdots\cdots + C + F$$

- 매기에 유입되는 현금은 각각 다른 미래시점에 유입된다. 따라서 미래 각 시점에 유입되는 현금은 채권의 가치를 평가할 때의 시장이자율로 미래시점까지의 기간만큼 할인하여 현재가치를 구한다.

$$PV = C/(1+i)^1 + C/(1+i)^2 + C(1+i)^3 + \cdots\cdots + C/(1+i)^n + F/(1+i)^n$$

- 만기수익률(yield to maturity, YTM) : 앞에 설명한 이표채의 시장이자율은 현재 이 채권을 매입하기 위해 지불하는 금액과 향후 이 채권의 현금흐름을 현재가치로

환산하여 더한 값을 같도록 하는 이자율이다.
이 등식은 곧 지금 이 채권의 현재가치 만큼 투자하면 만기까지 받는 현금유입의 현재가치 합계로써 $i\%$의 수익을 올릴 수 있음을 의미한다. 그래서 이 $i\%$의 이자율을 만기수익률(yield to maturity, YTM)이라 하며 또한 채권 자체의 현금유입으로부터 얻는 수익률이라 하여 내부수익률(internal rate of return, IRR)이라고도 한다.

◆ 이표채 현재가치에 함축된 의미

- 이표채 현재가치를 산출하는 식으로부터 매우 중요한 의미를 발견할 수 있다.

$$
\begin{aligned}
PV &= C/(1+i)^1 + C/(1+i)^2 + C/(1+i)^3 + \cdots \\
&\quad + C/(1+i)^n + F/(1+i)^n \\
&= C\{1/(1+i)^1 + 1/(1+i)^2 + 1/(1+i)^3 + \cdots \\
&\quad + C/(1+i)^n\} + F/(1+i)^n \\
&= C\cdot\left[\frac{1/(1+i)\{1-1/(1+i)^n\}}{1-1/(1+i)}\right] + \left\{\frac{F}{(1+i)^n}\right\} \\
&= C\cdot\left[\frac{1}{(1+i)}\cdot\frac{(1+i)}{i}\cdot\left\{1-\frac{1}{(1+i)^n}\right\}\right] \\
&\quad + \left\{\frac{F}{(1+i)^n}\right\} \\
&= \frac{C}{i}\cdot\left\{1-\frac{1}{(1+i)^n}\right\} + \left\{\frac{F}{(1+i)^n}\right\}
\end{aligned}
$$

여기서 이표채의 발행이자율을 i_{cp}로 표기하면 $i_{cp} = C/F$, $C = F \cdot i_{cp}$ 가 되므로

$$PV = \frac{F \cdot i_{cp}}{i} \cdot \left\{1 - \frac{1}{(1+i)^n}\right\} + \frac{F}{(1+i)^n}$$

$$= F\left\{\frac{i_{cp}}{i} - \frac{i_{cp}}{i} \cdot \frac{1}{(1+i)^n} + \frac{1}{(1+i)^n}\right\}$$

$$= F\left\{\frac{i_{cp}}{i} + \frac{1}{(1+i)^n} \cdot \left(1 - \frac{i_{cp}}{i}\right)\right\}$$

- 만일 $i_{cp} < i$이면, $i_{cp}/i < 1$이고 $(1 - i_{cp}/i) > 0$이다. 따라서 채권의 만기 n이 클수록 $1/(1+i)^n$이 작아지고 양(+)의 값인 $1/(1+i)^n \cdot (1 - i_{cp}/i)$이 감소한다.
  이는 곧 시장이자율이 채권의 발행금리보다 높은 수준으로 상승하면 채권의 현재가치가 감소하여 채권보유자가 손실을 보게 되며, 현재가치의 감소 속도는 채권의 만기가 길수록 빠르다는 점을 의미한다.
- 만일 $i_{cp} > i$이면, $i_{cp}/i > 1$이고 $(1 - i_{cp}/i) < 0$이다. 따라서 채권의 만기 n이 길수록 $1/(1+i)^n$이 줄어들고 음(−)의 값, 즉 채권 현재가치의 감소규모 $1/(1+i)^n \cdot (1 - i_{cp}/i)$가 감소한다.
  이는 곧 시장이자율이 채권의 발행금리보다 낮은 수준으로 하락하면 채권의 현재가치가 증가하여 채권보유자가 이익을 보게 되며, 현재가치의 증가 속도는 채권의 만기가 길수록 빠르다는 점을 의미한다.

• 만일 $i_{cp} = i$ 이면, $i_{cp}/i = 1$ 이고 $(1 - i_{cp}/i) = 0$ 이다. 따라서 만기의 길고 짧음에 관계없이 $PV = F$가 성립한다.
이는 시장이자율이 채권의 발행이자율과 같아지면 이표채의 현재가치는 채권의 액면금액과 같아짐을 의미한다.

10.3 이표채 관련 세 가지 이자율

◆ **발행이자율**(coupon interest rate, i_{cp})

■ 이표채의 발행이자율은 발행당시 정해지며 이 이자율은 만기까지 변동 없이 사용된다. 이표채의 보유자는 매기간 액면금액에 발행이자율을 곱한 만큼의 이자수입을 얻는다.($C = F \cdot i_{cp}$)

◆ **만기수익률**(yield to maturity, YTM)

■ 만기수익률은 채권을 매입할 때 지불하는 금액과 앞으로 받을 미래의 현금흐름을 현재가치로 환산하여 더한 값을 같도록 일치시키는 이자율이다. 아래의 관계식에서 i가 만기수익률이다.

$$PV = C/(1+i)^1 + C/(1+i)^2 + C(1+i)^3 + \cdots\cdots + C/(1+i)^n + F/(1+i)^n$$

• 여기서 만기수익률 i는 이 채권이 시장에서 거래될 때의 가격을 결정하는 이자율로서 이 채권의 유통시장 수익률이다. 그런데 모든 이표채는 각각 발행기관의 재무상태

및 신용도에 따라 또한 만기의 장단에 따라 만기수익률이 다른 이표채의 경우와 다른 것이 일반적이다. 따라서 각 이표채의 만기수익률은 시장이자율의 일종이라 하더라도 시장의 전반적인 상황을 나타내는 이자율과는 다른 수준을 보일 수 있다.

- 또한 만기수익률 i는 매기 유입되는 현금흐름을 현재의 시장이자율 i로 재투자한다는 비현실적인 가정에 기초하여 산출되는 문제점이 있다. 그러나 미래 각 시점에 유입되는 현금흐름을 그 미래시점의 시장이자율로 할인하는 것은 미래시점의 시장이자율을 알 수 없어서 불가능하기 때문에 위와 같은 문제점에도 불구하고 만기수익률을 현재의 방식으로 산출하여 사용한다.

◆ **보유기간 수익률**(rate of return)

■ 개념 : 보유기간 수익률은 채권을 매입한 후 다시 매도했을 때까지의 보유기간 동안 채권보유로 인해 얻는 수익률을 의미한다.

- 보유기간 수익률은 두 가지로 구성된다. 하나는 채권 매입시점의 현재가치와 채권 매도시점의 현재가치 사이의 차이이다. 다른 하나는 채권의 보유기간동안 채권보유자에게 귀속되는 이자수입이다.

■ 계산

- 현재가치의 차이 : 이표채를 t시점에 i_t의 시장이자율로

매입한 후 1년이 경과한 $t+1$시점에 i_{t+1}의 시장이자율로 매도한다고 가정하면, 이표채의 매입가격과 매도가격은 아래와 같이 산출된다.

$$\text{매입가격 } PV_t = C/(1+i_t)^1 + C/(1+i_t)^2 + C(1+i_t)^3 + \cdots + C/(1+i_t)^n + F/(1+i_t)^n$$

$$\text{매도가격 } PV_{t+1}{}^{2)} = C/(1+i_{t+1})^1 + C/(1+i_{t+1})^2 + \cdots + C/(1+i_{t+1})^{n-1} + F/(1+i_{t+1})^{n-1}$$

보유기간의 가격차이는 $\triangle PV$=매도가격인 PV_{t+1} − 매입가격인 PV_t가 된다.

- 이자수입(coupon income) : 이표채 보유기간중의 이자수입은 $C = F \cdot i_{cp}$로서 채권 보유자가 갖게 된다.
- 보유기간 수익률 : 이표채의 보유기간 수익률은 채권의 보유로 인해 얻는 수입(output)과 채권의 매입에 투입한 비용(input)을 가지고 {(수입, output)−(비용, input)}/(비용, input)×100(%)의 식에 의해 산출한다.

  수입(output)은 매입한 채권을 다시 매도한 가격(PV_{t+1})에 보유기간중의 이자수입(coupon income, C)을 더하여 산출하며, 비용(input)은 채권의 매입가격(PV_t)이다.

  따라서 이표채의 보유기간 수익률 $= (PV_{t+1} + C - PV_t)/$

2) 매도가격 : 보유기간 1년이 경과하였으므로 향후 $n-1$번 이자수입을 받는 점을 감안하여 계산한다.

$(PV_t) \times 100 = \{(PV_{t+1} - PV_t)/PV_t + C/PV_t\} \times 100$이다. 여기서 i_{t+1}이 i_t보다 낮으면 $PV_{t+1} - PV_t$가 양(+)의 값을 가지며 채권 보유자는 자본이득(capital gain)을 얻게 된다. 반면에 i_{t+1}이 i_t보다 높으면 $PV_{t+1} - PV_t$가 음(−)의 값을 가지며 채권 보유자는 자본손실(capital loss)을 갖게 된다. 따라서 $(PV_{t+1} - PV_t)/PV_t$는 자본수익으로서 자본이득(+) 또는 자본손실(−)을 보여준다.

그러나 이자수입(coupon income, C)은 시장이자율이 변동하더라도 언제나 만기까지 변동 없이 동일하며, 이를 경상수익(current yield)이라 한다. 또한 이에 따라 채권을 고정수입자산(fixed income asset)으로 부른다.

■ 보유기간 수익률 계산 사례 예시

• 보유기간이 1년인 경우 : 액면가 100,000원, 만기 10년, 쿠폰이자율 5%의 채권을 이자율 8%로 매입하여 1년간 보유한 후 이자율 9%로 매도할 경우 보유기간 수익률을 구해보자.

① 이자율 8%로 매입하는 가격 : 향후 10년간 들어오는 현금흐름을 이자율 8%로 할인하여 계산하면 되는데 2가지 방법이 있다.

첫째, 현재가치계수표를 이용하여 계산하는 방법이다. 향후 10년간 매년 쿠폰이자율 5%에 해당하는 5,000원의 현금흐름이 있고 10년 후에 액면금액 100,000원의 현금이 유입된다.

따라서 10년간 매년 5,000원씩 유입되는 쿠폰이자를 이자율 8%로 할인한 현재가치의 합은 5,000×연금의 현재가치계수[3](8%, 10년)=5,000×6.7101=33,550.5원이다.

또한 10년 후에 1번 유입되는 액면금액 100,000원의 현재가치는 100,000×현재가치계수[4](8%, 10년)=100,000×0.4632=46,320원이다.

따라서 위의 두 수치를 합하면 33,550.5+46,320=79,870.5=79,871원이 되며, 이것이 위의 채권을 현재 8%의 이자율로 할인한 매입가격이다.

둘째, 채권의 현재가치 수식을 이용하여 계산하는 방법이다.

$PV = F \cdot \left\{ \frac{i_{cp}}{i} + \frac{1}{(1+i)^n} \cdot \left(1 - \frac{i_{cp}}{i} \right) \right\}$에서 $F = 100{,}000$, $i_{cp} = 0.05$, $i = 0.08$, $(1+i)^n = 1.08^{10}$을 대입하여 계산하면 79,869.76=79,870원이 된다. 약간의 차이는 계산과정상 반올림에 기인한 것이다.

② 1년 보유 후 이자율 9%로 매도하는 가격 : 1년 보유기간이 경과했으므로 향후 9년간 들어오는 현금흐름을 이자율 9%로 할인하여 계산하면 되는데 2가지 방법이 있다.

---

3) PVIFA : present value of interest factor of annuity

4) PVIF : present value of interest factor

첫째, 현재가치표를 이용하여 계산하는 방법이다. 향후 9년간 매년 쿠폰이자율 5%에 해당하는 5,000원의 현금흐름이 있고 9년 후에 액면금액 100,000원의 현금이 유입된다.

따라서 9년간 매년 5,000원씩 유입되는 쿠폰이자를 이자율 9%로 할인한 현재가치의 합은 5,000×연금의 현재가치계수(9%, 9년)=5,000×5.9852=29,926원이다.

또한 9년 후에 1번 유입되는 액면금액 100,000원의 현재가치는 100,000×현재가치계수(9%, 9년)=100,000×0.4604=46,040원이다.

따라서 위의 두 수치를 합하면 29,926+46,040=75,966원이 되며, 이것이 위의 채권을 1년 후 9%의 이자율로 할인한 매도가격이다.

둘째, 채권의 현재가치 수식을 이용하여 계산하는 방법이다.

$PV = F \cdot \left\{ \frac{i_{cp}}{i} + \frac{1}{(1+i)^n} \cdot \left(1 - \frac{i_{cp}}{i} \right) \right\}$에서 $F = 100{,}000$, $i_{cp} = 0.05$, $i = 0.09$, $(1+i)^n = 1.09^9$을 대입하여 계산하면 76,019원이 된다. 약간의 차이는 계산과정상 반올림에 기인한 것이다.

③ 1년 보유기간 동안 발생하는 쿠폰이자 수입은 채권보유자에게 귀속되므로 이 5,000원을 현금유입으로 가산해야 한다.

➡ 따라서 보유기간 수익률은 (76,019−79,870+5,000)/79,870=1.44%가 된다.

• 보유기간이 3년인 경우 : 액면가 100,000원, 만기 10년, 쿠폰이자율 5%의 채권을 이자율 8%로 매입하여 3년간 보유한 후 이자율 9%로 매도할 경우 보유기간 수익률을 구해보자.

이 경우는 보유기간 1년의 경우와 달리 쿠폰이자 수입의 재투자수익을 감안해야 한다.

① 이자율 8%로 매입하는 가격 : 향후 10년간 들어오는 현금흐름을 이자율 8%로 할인하여 계산한 값은 앞에서 이미 구하였다.

첫째, 현재가치표를 이용하여 계산하면, 10년간 매년 5,000원씩 유입되는 쿠폰이자를 이자율 8%로 할인한 현재가치의 합에 10년 후에 1번 유입되는 액면금액 100,000원의 현재가치를 더한 값, 33,550.5+46,320=79,870.5=79,871원이다.

둘째, 채권의 현재가치 수식을 이용하여 계산한 값은 79,870원이다.

② 3년 보유 후 이자율 9%로 매도하는 가격 : 3년 보유기간이 경과했으므로 향후 7년간 들어오는 현금흐름을 이자율 9%로 할인하여 계산하면 되는데 두 가지 방법이 있다.

첫째, 현재가치표를 이용하여 계산하는 방법이다. 향

후 7년간 매년 쿠폰이자율 5%에 해당하는 5,000원의 현금흐름이 있고 7년 후에 액면금액 100,000원의 현금이 유입된다.

따라서 7년간 매년 5,000원씩 유입되는 쿠폰이자를 이자율 9%로 할인한 현재가치의 합은 5,000×연금의 현재가치계수(9%, 7년)=5,000×5.0329=25,164.5원이다.

또한 7년 후에 1번 유입되는 액면금액 100,000원의 현재가치는 100,000×현재가치계수(9%, 7년)=100,000×0.5470=54,700원이다.

따라서 위의 두 수치를 합하면 25,164.5+54,700=79,864.5=79,865원이 되며, 이것이 위의 채권을 3년 후 9%의 이자율로 할인한 매도가격이다.

둘째, 채권의 현재가치 수식을 이용하여 계산하는 방법이다.

$PV = F \cdot \left\{ \frac{i_{cp}}{i} + \frac{1}{(1+i)^n} \cdot \left(1 - \frac{i_{cp}}{i} \right) \right\}$에서 $F = 100{,}000$, $i_{cp} = 0.05$, $i = 0.09$, $(1+i)^n = 1.09^7$을 대입하여 계산하면 79,868.19=79,868원이 된다. 약간의 차이는 계산과정상 반올림에 기인한 것이다.

③ 3년 보유기간동안 발생하는 쿠폰이자 수입은 채권보유자에게 귀속되는데 여기에 매입시의 시장이자율 8%로 이 쿠폰이자 수입을 재투자한다고 가정하면 쿠폰이자 수입의 3년 후 가치는 $5{,}000 \times 1.08^2 + 5{,}000 \times 1.08$

+5,000=16,232원이 된다. 15,000원과의 차이인 1,232원이 재투자 효과이다.

➡ 따라서 3년간의 보유기간 수익률은 (79,868−79,870+16,232)/79,870=20.32%가 된다. 그런데 수익률은 통상 1년 단위로 계산하기 때문에 이를 1년 단위의 연율로 환산하면 $1.2032^{(1/3)}$=1.0636=6.36%가 된다.

■ 보유기간 수익률에 함축된 의미 : 채권 투자전략은 향후 이자율의 향방에 대한 기대(expectation)를 반영하여 결정되어야 한다. 만일 시장 이자율이 중앙은행 이자율 정책의 영향으로 상승할 것으로 예상된다면 채권의 매입은 증가할 것인가 또는 감소할 것인가 ?

- 시장 이자율이 한차례 상승한 후 당분간 더 이상 상승할 가능성이 크지 않다고 가정하자. 이 경우 새로 발행되는 이표채는 상승한 시장 이자율을 반영하여 현재보다 높은 이자율로 발행될 것이다. 또한 향후 추가 금리상승 기대가 크지 않으므로 시장 이자율이 발행금리보다 높아질 때 발생하는 자본손실의 가능성도 크지 않다. 새로 발행되는 채권을 매입하면 자본손실의 기대 없이 더 높은 이자수입을 얻을 수 있으므로 새로 발행되는 채권에 대한 수요가 클 것이다.
- 시장 이자율이 향후 1~2년 사이에 몇 차례 단계적으로 상승할 것으로 예상된다고 가정하자. 이표채는 매 발행

때마다 새로이 상승한 시장 이자율을 반영하여 점점 더 높은 이자율로 발행될 것이다.
발행 이자율이 단계적으로 높아지게 되면 현재보다 높은 이자율로 발행된 채권을 매입하더라도 추후에 시장 이자율이 그 채권의 발행시점 이자율보다 더욱 높아지면 자본손실(capital loss)이 발생할 수 있다.

- 아래의 가정된 예를 가지고 이를 다시 생각해 보자.
A는 현재의 상황을 나타내며 시장 이자율이 1.5%라고 가정하자. B, C, D, E는 각각 이자율이 매 기간 0.25%p 만큼 오를 것으로 예상되는 상황을 나타낸 것이다. 이표채를 B 상황에서 매입하는 경우 발행 이자율이 1.75%로서 A의 경우에 비해 0.25%p 높다. 그러나 이 채권을 시장이자율이 E에 이를 때까지 보유한다면 시장 이자율은 2.5%가 되어 이 채권의 매입시점 이자율보다 0.75%p 높다. 무시할 수 없는 규모의 자본손실(capital loss)이 발생할 것이다. 따라서 채권의 매입 결정은 그 채권의 발행 이자율뿐만 아니라 향후 예상되는 자본이득 또는 자본손실까지도 함께 고려하여 이루어져야 한다.

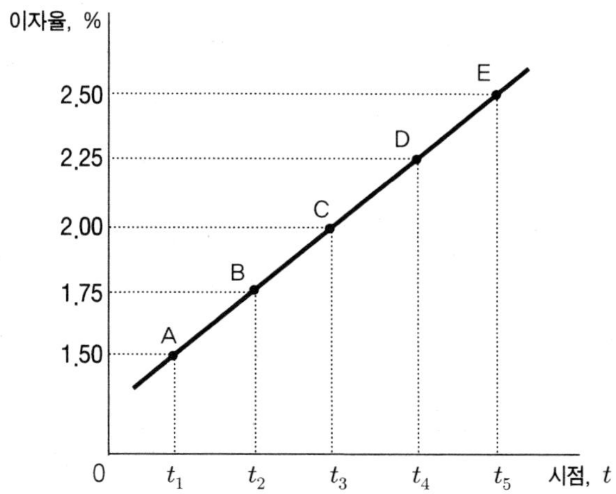

10.4 특별 주제 : 마이너스 이자율 채권(negative yielding bonds)

◆ 마이너스 이자율 채권의 발행 사례

- 헨켈(Henkel)은 2년 만기 5억 유로의 회사채를 마이너스 0.05%의 이자율로 발행하였으며, 사노피(Sanofi)는 3.5년 만기 10억 유로의 회사채를 마이너스 0.05%의 이자율로 발행하였다. 2016년 9월에 일어난 일들이다. 마이너스 이자율 채권을 사는 이유는 무엇일까? 아래와 같은 이유를 생각할 수 있다.
  - 첫째, 마이너스 이자율 채권의 마이너스 폭(예 : −0.05%)이 다른 금융상품의 마이너스 폭보다 작다면 이 마이너

스 채권이 상대적으로 매력적일 수 있다. 유로지역의 경우 한 때 은행의 예금금리가 −0.4%까지 이르렀으며 이 경우 −0.05%는 −0.4%보다 이자율면에서 0.35%p 유리하다. 이것이 당시 유로지역의 상황이었다.

- 둘째, 비록 소폭의 마이너스 이자율(앞의 예 : −0.05%)로 발행된 채권이더라도 앞으로 시장 이자율의 추가 하락을 기대할 수 있다면 이 채권에 대한 수요가 합리적일 수 있다. 시장 이자율의 마이너스 폭이 더 확대될 경우, 현재 −0.05%의 금리로 발행된 채권은 향후 추가적인 이자율 하락으로 인해 자본이득(capital gain)을 통한 채권가격의 상승을 기대할 수 있기 때문이다.
  일부 투자가들은 이와 같이 위에서 언급한 마이너스 이자율 채권의 가격이 시장 이자율의 추가 하락으로 인한 자본이득에 의해 추가적으로 상승할 가능성을 기대(speculation of capital gain)하고 이 채권을 매입했을 수 있다.
- 셋째, 부자들은 자산을 쉽고 간편한 방법으로 후손들에게 물려주고 싶어 한다. 무기명 채권을 통해 거액의 자산을 편리하게 후손들에게 물려줄 수 있다면 이는 부자들이 다소의 비용을 감수하고 마이너스 이자율 채권을 매입하는 동기가 될 수 있다.

제8주

국제채권시장 Ⅳ

11. 듀레이션(Duration)

◆ 듀레이션의 도입 배경

- 듀레이션(Duration)의 사전(辭典)적 의미는 지속기간이다. 채권시장에서의 듀레이션은 채권의 보유자가 채권대금을 회수하는 데까지 실질적으로 걸리는 시간이다.
  여기서 채권회수의 실질적 기간이란 채권회수 기간과 채권회수 금액을 같이 감안한 것으로 채권회수 금액이 앞에 모여 있을수록 채권회수에 필요한 실질적 기간이 짧아진다는 사실을 반영하여 듀레이션의 개념이 도입된다.
- 두 가지 채권의 경우를 예로 들어 살펴보자.
  - 첫 번째 사례는 어느 채권이 1년 후 10,000원 2년 후 10,000원 회수된다고 가정하자. 그러면 전체의 50%가 1년 후에, 나머지 50%가 2년 후에 회수되므로 20,000원이 회수되기까지 필요한 평균기간은 0.5×1년+0.5×2년=1.5년이라는 계산이 나온다.
  - 두 번째 사례는 어느 채권이 1년 후 5,000원, 2년 후 15,000원 회수된다고 가정하자. 그러면 전체의 1/4이 1년 후에, 나머지 3/4이 2년 후에 회수되므로 20,000원이 회수되기까지 필요한 평균기간은 1/4×1년+3/4×2년=1.75년이라

는 계산이 나온다.

- 여기서 채권대금 중 나중에 회수되는 금액이 클수록 채권대금의 회수에 필요한 실질적인 기간이 길어진다는 점을 발견할 수 있다. 두 경우 모두 채권대금 20,000원이 전부 회수되기까지 2년이 걸리지만 나중에 회수되는 금액의 비중이 큰 두 번째 사례의 경우 채권대금 회수에 필요한 실질적인 기간이 첫 번째 경우에 비해 더 길다는 생각이 가능하다.

  그런데 위의 경우 1년 후와 2년 후에 회수되는 금액을 화폐의 시간가치를 고려하지 않았기 때문에 정밀한 비교가 불가능하다. 따라서 여기에 시간가치를 감안하여 채권대금 회수에 실질적으로 필요한 기간이라는 듀레이션 개념이 도입되었다.

◆ 듀레이션의 개념

- 위의 두 가지 사례를 화폐의 시간가치 개념을 도입하여 다시 생각해보자.
  - 첫 번째 사례는 채권이 1년 후 10,000원, 2년 후 10,000원 회수된다고 가정하였으므로 그 현재가치를 시장할인률을 연 5%로 가정하고 계산하면, $PV = 10{,}000/(1.05) + 10{,}000/(1.05)^2 = 18{,}594$원이다. 여기서 18,594원은 앞부분의 현재가치 $10{,}000/(1{,}05) = 9{,}523.8$원과 뒷부분의 현재가치 $10{,}000/(1.05)^2 = 9{,}070$원의 합계이다.

따라서 18,594원 중 앞부분의 현재가치 비중은 9,523.8/18,594=0.512, 뒷부분의 현재가치 비중은 9,070/18,594=0.488이다. 이제 이 각각의 현재가치 비중에 대금이 회수되는 기간을 곱해주면 0.512×1년+0.488×2년=1.488년이 나온다.

- 두 번째 사례는 채권이 1년 후 5,000원 2년 후 15,000원 회수된다고 가정하였으므로 그 현재가치를 시장할인률을 연 5%로 가정하고 계산하면, $PV=5{,}000/(1.05)+15{,}000/(1.05)^2=18{,}367$원이다. 여기서 18,367원은 앞부분의 현재가치 5,000/(1.05)=4,761.9원과 뒷부분의 현재가치 $15{,}000/(1.05)^2=13{,}605.4$원의 합계이다.
  따라서 18,594원 중 앞부분의 현재가치 비중은 4,761.9/18,367=0.259, 뒷부분의 현재가치 비중은 13,605.4/18,367=0.741이다. 이제 이 각각의 현재가치 비중에 대금이 회수되는 기간을 곱해주면 0.259×1년+0.741×2년=1.741년이 나온다.

- 위의 두 경우를 비교하면, 대금회수가 나중에 집중되는 두 번째(1.741년)의 경우가 첫 번째(1.488년)에 비해 대금회수에 소요되는 실질적인 기간인 듀레이션이 더 길다는 점을 발견할 수 있다.
  즉, 뒤에 들어오는 현금흐름이 많을수록 채권대금을 실질적으로 회수하는 데 걸리는 기간이 길어지므로 1기, 2기, 3기, …의 매 기별 유입되는 현금흐름의 현재가치에 그 기간의 수치를 곱해 모두 더한 후 이를 채권의 가격으로 나눈다. 이 수치가 채권대금이 실질적으로 회수되는데 필요한 기간을 의미하는 것으로 인식하고 이를 듀레이션(duration)으로 부르게 되었다.

◆ 듀레이션 개념의 일반화

- 위의 두 가지 사례를 일반화하면, 듀레이션은 매기 현금흐름의 현재가치가 전체 현재가치(채권의 가격과 동일) 중 차지하는 비중(가중치, weight, w_t)에 매기의 기간(t)를 곱한값($w_t \cdot t$)의 합계라는 관계식임을 알 수 있다.

$$
\begin{aligned}
D &= \frac{CF_1/(1+i)^1}{\sum CF_t/(1+i)^t}\cdot 1 + \frac{CF_2/(1+i)^2}{\sum CF_t/(1+i)^t}\cdot 2 + \cdots \\
&\quad + \frac{CF_n/(1+i)^n}{\sum CF_t/(1+i)^t}\cdot n \\
&= w_1 \cdot 1 + w_2 \cdot 2 + \cdots + w_n \cdot n \\
&= \sum w_t \cdot t
\end{aligned}
$$

$$
\text{단, } w_t = \frac{CF_t/(1+i)^t}{CF_1/(1+i)^1 + CF_2/(1+i)^2 + \cdots + CF_n/(1+i)^n} = \frac{CF_t/(1+i)^t}{\sum CF_t/(1+i)^t} = \frac{CF_t/(1+i)^t}{PV}
$$

- 이 개념을 맥콜레이(Macaulay)가 처음 소개하여 맥콜레이 듀레이션(이하 D_{Mac}으로 표기)이라 부른다.

◆ 듀레이션의 활용

■ 듀레이션을 이용하여 이자율 변동에 따른 채권가격 변동의 민감도 분석을 할 수 있다.

- 이를 위해 우선 듀레이션, 채권가격, 이자율의 관계부터 살펴보자.

  채권가격(PV, 이하 P)$= CF_1/(1+i)^1 + CF_2/(1+i)^2 + \cdots + CF_n/(1+i)^n$이다. 이제 채권가격을 이자율에 대해 미분하면,

$$dP/di = (d/di)\{CF_1 \cdot (1+i)^{-1} + CF_2 \cdot (1+i)^{-2} + \cdots + CF_n \cdot (1+i)^{-n}\}$$

$$= -1 \cdot CF_1 \cdot (1+i)^{-2} - 2 \cdot CF_2 \cdot (1+i)^{-3} + \cdots - n \cdot CF_n \cdot (1+i)^{-n-1}$$

$$= -1 \cdot (1+i)^{-1}\{1 \cdot CF_1 \cdot (1+i)^{-1} + 2 \cdot CF_2 \cdot (1+i)^{-2} \cdots n \cdot CF_n \cdot (1+i)^{-n}\}$$
이 된다.

그런데, 듀레이션(Macaulay Duration, D_{Mac})이

$$D_{Mac} = \{1 \cdot CF_1 \cdot (1+i)^{-1} + 2 \cdot CF_2 \cdot (1+i)^{-2} + \cdots + n \cdot CF_n \cdot (1+i)^{-n}\}/P$$
이므로

$\{1 \cdot CF_1 \cdot (1+i)^{-1} + 2 \cdot CF_2 \cdot (1+i)^{-2} + \cdots + n \cdot CF_n \cdot (1+i)^{-n}\} = D_{Mac} \cdot P$이고 이를 위의 식에 대입하면,

$dP/di = -1 \cdot (1+i)^{-1} \cdot D_{Mac} \cdot P$, 따라서

$$D_{Mac} = -(dP/di) \cdot (1+i)/P$$
$$= (1+i) \cdot \{-(dP/di)\} \cdot (1/P)$$ 이 된다.

위의 식에서 $\{-(dP/di)\} \cdot (1/P)$는 이자율의 변화에 따른 채권가격의 변화를 채권의 가격으로 나눈 값으로, 채권의 단위가격당 이자율의 변화에 따른 채권가격의 변화를 보여준다. 이 값을 수정 듀레이션(Modified Duration, 이하 D_{Mod})이라 부른다.

따라서 $D_{Mac} = -(dP/di) \cdot (1+i)/P = (1+i) \cdot D_{Mod}$가 되고, $D_{Mod} = D_{Mac}/(1+i)$가 된다.

- 이제 채권가격의 이자율 민감도를 살펴보자. 예를 들어 이자율이 10bp(bp는 basis point, 0.01%) 상승하면 채권 포트폴리오의 가치는 얼마나 변할 것인가? 이자율 변동에 대한 채권가치 변화의 민감도(interest rate sensitivity)를 듀레이션이 보여줄 수 있다.

예 시 듀레이션 계산 사례

※ 채권의 발행이자율이 5%, 액면금액 100,000원, 남은 만기 4년으로 가정하자. 이 채권에 대해 이자율 변동에 대한 채권가격의 변화를 듀레이션을 이용해 측정해 보자. 단, 현재 시장이자율은 10%로 가정하자.

	$t=1$	$t=2$	$t=3$	$t=4$	합계
CF	5,000	5,000	5,000	105,000	
$t \cdot CF$	5,000	10,000	15,000	420,000	
$PVIF$(10%)	0.9091	0.8264	0.7513	0.6830	
$CF \cdot PVIF$(10%)	4,546	4,132	3,757	71,715	84,150
$t \cdot CF \cdot PVIF$(10%)	4,546	8,264	11,270	286,860	310,000

$$D_{Mac} = \sum\{t \cdot CF \cdot PVIF(10\%)\} / \sum\{CF \cdot PVIF(10\%)\}$$
$$= 310{,}900/84{,}150 = 3.6946$$
$$D_{Mod} = D_{Mac}/(1+i)$$
$$= 3.6946/(1.1) = 3.3587$$

$D_{Mod} = D_{Mac}/(1+i) = \{-(dP/di)\} \cdot (1/P) = -(dP/P) \cdot (1/di)$이므로 $-(dP/P) = D_{Mod} \cdot (di)$를 이용해 채권의 가치변화를 측정해보면, $-(dP/P) = 3.3587 \times 0.01 \fallingdotseq 3.36\%$가 된다. 이제 실제 이자율이 1% 변화할 때 채권의 가치변화를 계산하여 비교해 보자. 시장이자율이 10%에서 11%로 상승할 경우 채권의 가격은

$$\sum\{CF \cdot PVIF(11\%)\} = 5{,}000 \cdot PVIFA(11\%, 4\text{년})$$
$$+ 100{,}000 \cdot PVIF(11\%, 4\text{년}) = 5{,}000 \times 3.1024 + 100{,}000$$
$$\times 0.6587 = 81{,}382$$

시장이자율이 10%일 때의 채권가격 84,150원이 시장이자율이 11%로 상승함에 81,382원으로 하락함에 따라 채권

가격 변화율은 $\{(81,382-84,150)/84,150\}=-3.32\%$로서 수정듀레이션을 이용하여 측정한 값 3.36%와 큰 차이가 없음을 알 수 있다.

12. 볼록성(Convexity)

◆ 볼록성의 도입 배경

- 이자율이 변동할 때 이에 따른 채권가격의 변동을 듀레이션을 이용하여 분석하는 방법은 $-(dP/P)=D_{Mod}\cdot(di)$의 식이 보여주듯이 이자율의 변화와 채권가격의 변화간에 선형관계가 있음을 전제로 한 것이다.
- 그러나 실제로 채권가격과 이자율간의 관계는 원점에 대하여 볼록한 형태(convexity)의 비선형관계에 있다.

◆ 볼록성의 개념

- 볼록성은 채권의 가격과 이자율의 관계가 어느 정도 원점에 대해 볼록한지를 나타낸다. 채권의 볼록성을 채권가격의 단위금액당으로 측정하기 위해 채권가격을 수익률에 대해 2차미분한 값을 채권가격으로 나누어 볼록성을 계산한다.

$$PV(\text{이하 } P)=CF_1/(1+i)^1+CF_2/(1+i)^2+\cdots$$

$$+ CF_n/(1+i)^n$$

$$dP/di = (d/di)\{CF_1 \cdot (1+i)^{-1} + CF_2 \cdot (1+i)^{-2} + \cdots$$
$$+ CF_n \cdot (1+i)^{-n}\}$$
$$= -1 \cdot CF_1 \cdot (1+i)^{-2} - 2 \cdot CF_2 \cdot (1+i)^{-3} + \cdots$$
$$- n \cdot CF_n \cdot (1+i)^{-n-1}$$

$$d^2P/di^2 = 1 \cdot 2 \cdot CF_1 \cdot (1+i)^{-3} + 2 \cdot 3 \cdot CF_2 \cdot (1+i)^{-4} + \cdots$$
$$+ n(n+1) \cdot CF_n \cdot (1+i)^{-(n+2)}\}$$
$$= \frac{1}{(1+i)^2} \cdot \left\{ \frac{2CF_1}{(1+i)} + \frac{6CF_2}{(1+i)^2} + \cdots \right.$$
$$\left. + \frac{n(n+1)(CF_n)}{(1+i)^n} \right\}$$

■ 채권의 가격과 이자율 간에 볼록성이 있기 때문에 이를 아래와 같은 모양으로 나타낼 수 있다.

- 이자율이 i_0에서 i_1으로 상승하는 경우 채권가격의 변동을 보자. 볼록성을 인정하면 채권가격은 P_0에서 P_1으로 하락한다.
  그러나 볼록성을 인정하지 않는 듀레이션 분석에 의하면 채권가격은 P_0에서 P_1'로 하락하는 것으로 나타나고 실제보다 $(P_1 - P_1')$만큼 채권가격이 더 많이 하락하는 것으로 나타난다.

- 이자율이 i_0에서 i_2로 하락하는 경우 채권가격의 변동을 보자. 볼록성을 인정하면 채권가격은 P_0에서 P_2로 상승한다.

볼록성(convexity)의 개념

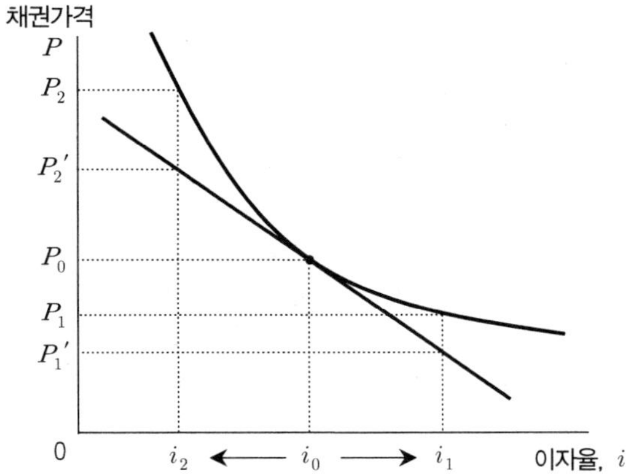

그러나 볼록성을 인정하지 않는 듀레이션 분석에 의하면 채권가격은 P_0에서 P_2'로 상승하는 것으로 나타나서 실제보다 $(P_2 - P_2')$만큼 채권가격이 덜 상승하는 것으로 나타난다.

◆ 볼록성의 의미

- 이자율과 채권가격간의 볼록성에 의해 이자율이 상승할 때는 채권가격의 하락 폭이 듀레이션에 의해 측정되는 하락 폭보다 작고, 반대로 이자율이 하락할 때는 채권가격의 상승 폭이 듀레이션에 의해 측정되는 상승 폭보다 더 크다.
- 따라서 볼록성이 큰 채권에 투자하면 이자율이 상승할 때 발생하는 자본손실(capital loss)보다 이자율이 하

볼록성(convexity)의 크기와 이자율 하락에 따른 채권가격 상승폭 차이

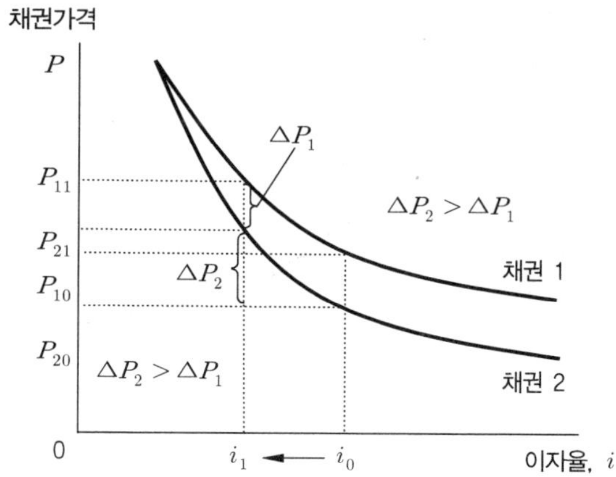

락할 때 발생하는 자본이득(capital gain)이 더 커서 볼록성이 작은 채권에 투자하는 경우보다 채권투자로부터 더 많은 수익을 기대할 수 있다.

13. 국제 채권활용시장 : 증권대여 시장과 환매조건부매매 시장

13.1 증권대여 시장

◆ 증권대여의 의의 : 증권대여란 보유증권을 일정기간 제3자에게 대여하고 그에 따른 추가수익을 얻는 것을 말한다.

- 증권대여자는 증권을 대여하고 그 대가로 수수료를 받거나 현금담보를 받아 이를 운용하여 투자수익을 얻을 수 있다.
- 증권차입자는 차입한 증권을 매도하거나 담보로 활용할 수 있다.

◆ **증권차입 동기 : 증권차입자는 아래와 같은 이유로 증권을 차입할 수 있다.**

- 증권가격 하락 예상 : 향후 특정증권의 가격하락이 예상될 경우, 동 증권을 차입하여 매도한 후 실제 증권가격이 예상대로 하락하면 하락한 가격에 증권을 차입하여 상환함으로써 이익을 실현할 수 있다.
- 헤지(hedge) 수단으로 활용 : 특정 금융상품 또는 포트폴리오의 시장위험 헤지(hedge)를 위해 증권을 차입할 수 있다.

  예를 들어 채권에 대한 풋옵션 매도자는 채권가격 하락시 풋옵션 매수자가 풋옵션을 행사하여 채권을 매도하고자 하면 채권가격이 하락하였으나 옵션계약한 가격으로 채권을 매수하고 하락한 가격으로 채권을 매도함으로써 손실이 발행하게 된다.

  이 경우 가격하락이 예상되는 채권을 차입하여 매도한 후 향후 채권가격이 하락할 때 하락한 가격으로 매입하면 차익이 발생하므로 채권 풋옵션 매도로 인한 손실을 만회할 수 있다.

- 결제실패 방지 : 특정일에 결제해야 할 증권을 구하지 못해 발생할 수 있는 결제실패를 방지하기 위해 일시적으로 해당 증권을 차입할 수 있다.

◆ **증권대여의 담보 : 증권대여자는 증권을 대여하고 상대방으로부터 현금 또는 다른 증권을 담보로 수취한다.**

- 현금담보 : 증권대여자가 상대방으로부터 현금담보를 받는 경우 대여기간 종료시 증권을 상환 받는 한편, 현금담보 금액에 약정한 rebate(예 : 0.8%)를 가산하여 지급한다.

  따라서 현금담보를 이용하여 위의 rebate보다 높은 수익을 기대할 수 있는 경우 현금담보를 수취하는 증권대여를 통해 수익을 얻을 수 있다.

  예를 들어, 액면 1백만 달러의 미국채 2년물을 1주일간 대여하고 담보로 105만 달러의 현금을 수취하는데 rebate율이 0.8%, 1주일 정기예치 이율이 1.0%인 경우 증권대여를 통해 얻을 수 있는 이익은 아래와 같다.

$$1{,}050{,}000 \times (0.01 - 0.008) \times (7/360) = 40.83\text{달러}$$

- 증권담보 : 증권대여자가 상대방으로부터 다른 증권을 담보로 받는 경우 대여기간 종료시 증권을 서로 반대방향으로 교환한다.

  이 경우에는 현금담보가 없기 때문에 rebate가 없고 대신 증권대여자는 증권차입자로부터 약정 수수료를 수취한다. 또한 증권대여자가 이미 약정 수수료를 수취하였기 때문에 담보로 수취한 증권을 매각하거나 다른 담보로 이용할 수 없다.

  예를 들어, 액면 1백만 달러의 미국채 5년물을 2주일간 대여하고 105만 달러에 해당하는 GM회사채를 담보로 수취하는데 수수료율이 0.2%인 경우 증권대여를 통해 얻을 수 있는 이익은 아래와 같다.

  $$1{,}000{,}000 \times (0.002) \times (14/360) = 77.77\text{달러}$$

13.2 환매조건부 증권매매 시장(Repo 시장)

◆ **환매조건부 증권매매란 일정기간 경과 후 정해진 가격으로 재매매 약정 하에 증권을 매매하는 것을 말한다.**

- 증권을 매도하여 자금을 수취하고 일정기간 후에 수취한 자금과 이자를 상환하면서 증권을 재매입하는 경우를 repo(repurchase) 라고 한다. 이 경우 형식적으로는 증권의 매도와 재매입이 결합된 거래이지만 경제

적 실익 면에서는 증권을 담보로 자금을 차입하고 그 대가로 이자를 지급하는 것과 동일한 효과가 있다. 여기서, 채권매도자는 형식적으로 채권을 매도하였으나 일정기간 후 다시 채권을 돌려받기로 약정이 되어 있기 때문에 경제적 실익 면에서 사실상 채권의 소유권을 유지하는 것으로 인정된다. 따라서 거래기간 중 담보채권에 대한 쿠폰이자는 채권의 실질적인 소유자인 채권매도자에게 귀속된다.

- 증권을 매수하여 자금을 지급하고 일정기간 후에 지급한 자금과 이자를 상환 받으면서 증권을 재매도하는 경우를 reverse repo라고 한다. 이 경우 형식적으로는 증권의 매수와 재매도가 결합된 거래이지만 경제적 실익 면에서는 증권을 담보로 자금을 대여하고 그 대가로 이자를 수취하는 것과 동일한 효과가 있다.

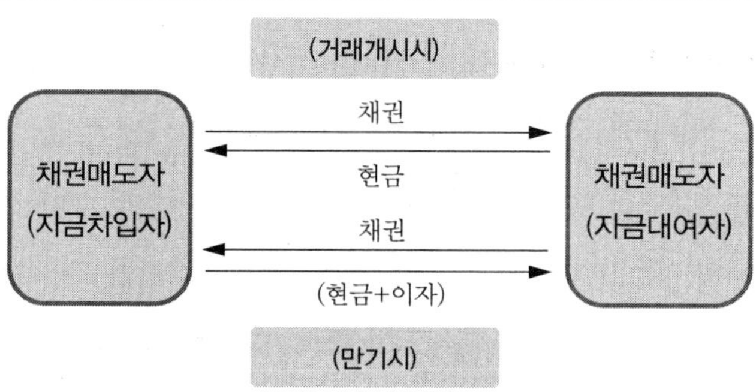

제9주

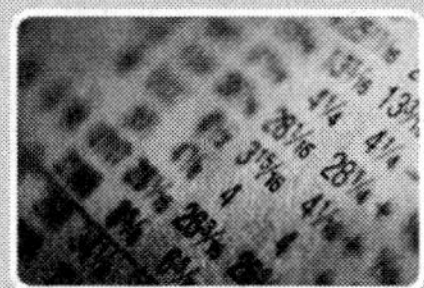

국제주식시장

1. 국제주식시장의 개념

◆ 국제주식시장은 투자자와 주식발행기업의 국적이나 거래시간 등 지리적·시간적 제약 없이 24시간 주식거래가 이루어지는 시장을 의미한다.
따라서 다국적기업이 본점소재지 이외의 국가에서 발행한 주식이 거래되는 외국의 주식시장은 물론 외국인이 투자하는 국내주식이나 내국인이 투자하는 해외주식의 거래가 이루어지는 시장도 국제주식시장의 범위에 포함된다.

◆ 국제주식의 발행시장과 유통시장

- 국제주식의 발행시장은 국내기업이 해외에서 기업공개를 통해 주식을 발행 · 상장하거나 유 · 무상증자를 통해 주식을 발행하는 시장과 외국기업이 국내에서 기업공개 등을 통해 주식을 발행·상장하거나 유 · 무상증자를 통해 주식을 발행하는 시장을 모두 포함한다.
- 국제주식의 유통시장은 외국인이 이미 발행된 국내주식을 매매하는 시장과 내국인이 이미 발행된 외국주식을 매매하는 시장을 모두 포함한다.

◆ 주식시장 국제화의 의미

- 발행기업 입장에서 주식시장 국제화는 자본조달 경로의 다변화, 기업의 홍보기회 습득의 의미가 있다.
- 투자자 입장에서 주식시장 국제화는 투자자산의 다양화, 위험분산의 의미가 있다.
- 국민경제 측면에서 주식시장 국제화는 외국 투자자본의 유입, 외국인 주주의 경영참여를 통한 기업지배구조의 선진화, 선진 경영 및 금융기법 도입, 시장 효율성 제고 등을 기대할 수 있다.

  반면, 외국인 주식투자자금 유출입의 부정적인 충격도 언제든지 발생할 수 있다. 예를 들어 외국인이 국내주식에 투자한 자본을 급격히 회수하고 그 대금을 본국으로 송금(逆送金, repatriation)하는 경우, 국내주가의 급락과 원/달러 환율의 급등과 같은 충격이 발생할 가능성을 염두에 두어야 한다.

2. 주식의 가격결정이론

2.1 주식 배당금의 현재가치 평가모형

◆ 투자가가 주식을 소유할 때 매기 배당금을 D_i 수령하고 이 주식을 영원히 보유한다면 주식의 가격은 매기 수령하는 배당금의 현재가치 합계로서 다음과 같이 표시할 수 있다.

$$PV = D_1/(1+i)^1 + D_2/(1+i)^2 + D_3/(1+i)^3 + \cdots$$

■ 한계 : 이 이론은 미래에 발생할 매기의 배당금 규모를 알 수 없기 때문에 주식의 가치를 계산할 수 없고 따라서 현실성이 없다.

2.2 주식 배당금의 제로성장모형

◆ 제로성장모형 : 미래의 배당금을 예측할 수 없기 때문에 미래 매기의 배당금이 D로 일정하다고 가정하고 영구연금의 현재가치와 동일한 방식으로 주식의 가격을 추정하는 방법이다.

$$\begin{aligned} PV &= D/(1+i)^1 + D/(1+i)^2 + D/(1+i)^3 + \cdots \\ &= D/(1+i)^1\{1 + 1/(1+i)^1 + 1/(1+i)^2 + 1/(1+i)^3 + \cdots\} \end{aligned}$$

$$= D/(1+i)\frac{1}{1-1/(1+i)}$$
$$= D/(1+i)\frac{1}{(1+i-1)/(1+i)}$$
$$= D/(1+i)\frac{1+i}{i}$$
$$= D/i$$

- 한계 : 이 방식은 가정을 단순화하여 주식의 가치를 계산할 수는 있으나, 미래 매기의 배당이 D로 일정하다는 비현실적인 가정에 기초한 한계가 있다.

2.3 주식 배당금의 일정성장모형

◆ **일정성장모형 : 기업경영이 제대로 이루어지면 어느 정도 성장하는 것이 일반적이므로 기업의 배당이 매년 일정한 비율로 계속 증가한다고 가정하고 주식가치를 평가하는 방법이다.**

- 먼저 배당금이 매기 일정비율(g)로 성장한다고 가정하면 매기의 배당금은 아래와 같이 표시할 수 있다.

$$D_1$$
$$D_2 = D_1(1+g)^1$$
$$D_3 = D_2(1+g)^1 = D_1(1+g)^1(1+g)^1 = D_1(1+g)^2, \ +++$$

■ 이제 매기의 배당금을 현재가치로 환산하여 더하면 아래와 같이 주식의 가치를 산출할 수 있다.

$$
\begin{aligned}
PV &= D_1/(1+i)^1 + D_1/(1+i)^2 + D_1/(1+i)^3 ++++ \\
&= \frac{D_1}{(1+i)} + \frac{D_1(1+g)^1}{(1+i)^2} + \frac{D_1(1+g)^2}{(1+i)^3} ++++ \\
&= \frac{D_1}{(1+i)}\left\{1 + \frac{(1+g)^1}{(1+i)^1} + \frac{(1+g)^2}{(1+i)^2} ++++\right\} \\
&= \frac{D_1}{(1+i)}\left\{\frac{1}{1-(1+g)/(1+i)}\right\} \\
&= \frac{D_1}{(1+i)}\left\{\frac{1}{(i-g)/(1+i)}\right\} \\
&= \frac{D_1}{(1+i)}\left\{\frac{(1+i)}{(i-g)}\right\} \\
&= \frac{D_1}{(i-g)}
\end{aligned}
$$

■ 한계 : 이 모형은 정상적인 기업은 통상 매년 어느 정도 성장한다는 점을 인정하면 장기간에 걸쳐 평균적으로 일정비율 배당이 증가할 수도 있다는 점을 인정할 수 있어서 앞의 다른 모형들에 비해 상대적으로 가정이 다소 현실성이 있다. 그러나 역시 일정비율의 배당성장률을 추산하기 어려운 한계는 남아있다.

3. 국제주식시장의 유형

3.1 해외주식에 대한 직접투자

◆ **해외주식에 대한 직접투자는 홈트레이딩시스템(HTS; home trading system)을 이용하거나 증권회사를 통해 가능하다.**

- 투자대상은 개별기업의 주식에 투자할 수도 있고 해외증시의 상장지수펀드(ETF; exchange traded fund)에 투자함으로써 투자전략의 다양화와 분산투자의 효과를 도모할 수도 있다.
- 한편, 해외주식에 직접 투자하는 경우, 외화표시로 투자되기 때문에 투자 종료시 원화에 대한 투자대상통화 가치의 변동에 따라 환차손이 발생할 수도 있음에 유의해야 한다.

3.2 해외펀드 가입을 통한 간접투자

◆ **개인투자가의 경우 해외주식에 대한 정보력과 분석력의 제약을 감안하면 직접투자 대신 해외펀드 가입을 통한 해외주식 간접투자가 더 편리할 수 있다.**

- 이러한 해외투자 펀드는 시중은행 점포에서도 쉽게 가입할 수 있다.

3.3 주식예탁증서를 통한 투자

◆ **주식예탁증서는 국내의 발행기업과 외국의 예탁은행간 예탁계약에 의해 주식을 국내의 보관기관(custodian)에 보관한 상태에서 예탁은행이 이 주식을 근거로 외국의 주식시장에서 발행하는 증서로서 일종의 대체증권이다.**

- 따라서 국제투자자들이 미국이나 유럽의 주식시장에서 발행된 한국기업의 주식예탁증서를 매수하는 경우 한국증시에서 한국기업의 주식을 매수한 것과 동일한 투자효과를 얻을 수 있다.

◆ **주식예탁증서는 발행기업의 원래 주식과 동일한 권리를 갖지만 외국에서 발행되기 때문에 주식예탁증서가 발행되는 외국의 자본시장법규와 관행을 따라야 한다.**

- 주식예탁증서는 발행되는 국가에 따라 미국에서 발행되면 ADR(American Depository Receipt), 미국과 유럽 등에서 동시에 발행되면 GDR(Global Depository Receipt)로 불린다.

4. 주요 주가지수

4.1. 주가지수의 의미

◆ 주가지수는 특정 주식시장에 상장된 주식들의 가격을 기준시점과 대비하여 종합적으로 나타내는 지표이다. 따라서 주가지수는 해당 주식시장의 상황을 나타낼 뿐 아니라 이와 연관되어 거시경제 및 금융·외환시장 동향을 나타내기도 한다.

4.2 주가지수 산정방식

◆ 주가지수는 산정방식에 따라 가격가중방식지수(price-weighted index)와 가치가중방식지수(value-weighted index)로 분류된다.

- 가격가중방식지수(price-weighted index)는 대상종목 주가의 단순합계를 종목 수로 나누어 단순평균치를 산출한 후 이를 기준년도의 수치와 비교한다. 따라서 시가총액 비중이 큰 기업의 주가변동이 전체주가에 더 크게 영향을 미치는 점을 반영하지 못하는 한계가 있다. 미국의 다우존스지수(DJIA; Dow Jones Industrial Average)와 일본의 닛케이평균주가(Nikkei average)를 대표적인 예로 들 수 있다.

- 가치가중방식지수(price-weighted index)는 기준년도의 개별주식 주가에 상장주식수를 곱해 시가총액을 산출한 후 이를 비교시점의 시가총액과 비교한다. 이 방식은 특정종목의 주가변동이 과도하게 전체 주가의 변동에 영향을 미치는 단점이 있다. 이러한 단점을 보완하는 방안으로 시가총액비중의 상한(cap limit)이 설정되기도 한다.

  미국의 S&P500지수, 홍콩의 항셍(HangSeng)지수, 우리나라의 KOSPI, KOSDAQ 등 대부분의 주가지수가 가치가중방식에 의해 산출되고 있다.

4.3 주요 주가지수

◆ **다우존스지수**(DJIA; Dow Jones Industrial Average) : **다우존스지수는 1886년부터 작성된 역사상 가장 오래된 주가지수이다.**

- 이 지수는 다우존스사가 뉴욕주식거래소(NYSE) 및 NASDAQ에 상장되어 있는 30개 우량기업을 지수산정에 편입하고 이들에게 동일한 가중치를 부여하는 가격가중방식으로 작성한다.
- 이 지수는 편입대상기업이 30개에 불과하여 그 기업들의 시가총액이 미국 주식시장 시가총액에서 차지

하는 비중이 크지 않기 때문에 미국 주식시장 전체의 주가변동을 제대로 반영하지 못할 수도 있다는 점이 한계로 지적되고 있다.

- 이러한 한계로 인해 뮤츄얼펀드와 연금기금 등 기관투자가들은 S&P500지수를 투자의 기준 주가지수(bench-mark)로 이용하는 경우가 많다.

◆ **S&P500지수 : S&P500지수는 Standard&Poors사가 뉴욕증권거래소(NYSE), NASDAQ, AMEX 상장 500개 우량기업의 시가총액을 가중치로 반영하여 가치가중방식으로 작성한다.**

- 이 지수에 편입된 500개 기업 주식의 시가총액이 미국 주식시장에서 매우 높은 비중을 차지하기 때문에 다우존스지수보다 미국 주식시장 전체의 주가변동을 더 잘 반영한다.

◆ **나스닥종합지수**(NASDAQ Composite Index) **: 나스닥종합지수는 ㈜나스닥이 나스닥에 상장된 기업의 주가를 대상으로 가치가중방식으로 작성하는 주가지수이다.**

- 나스닥에는 주로 기술산업과 인터넷 관련 중소기업들이 상장되기 때문에 나스닥지수는 하이테크 산업의 대표적인 경제지표로 이용되고 있다.

◆ **MSCI지수 : MSCI지수는 미국의 Morgan Stanley Capital International이 작성하는 지수로서 미국의 뮤츄얼펀드나 헤지펀드들이 자산운용의 기준지수(benchmark)로 많이 사용한다.**

- MSCI지수는 세계지수(MSCI World Index), 북미제외지수(MSCI Europe, Australia, Far East), 선진시장지수(MSCI Developed Market), 신흥시장지수(MSCI Emerging Market) 등으로 분류된다.

◆ **FTSE지수 : FTSE지수는 Financial Times와 런던증권거래소가 공동 설립한 FTSE그룹이 발표하는 지수로 주로 영국 및 유럽계 펀드들이 활용하는 글로벌 벤치마크지수이다.**

- FTSE지수는 선진국시장(developed market)지수, 선진신흥시장(advanced emerging market)지수, 신흥시장(secondary emerging market)지수, 프론티어시장(frontier market)지수로 분류된다.

5. 주요국 주식시장

5.1 미국 주식시장

◆ **미국의 주식시장은 장내시장인 뉴욕증권거래소**(NewYork Stock Exchange; NYSE)**와 장외시장인 나스닥**(National Association of Securities Dealers Automated Quotations; NASDAQ)**이 대표적이다.**

- 뉴욕증권거래소는 1817년 설립되었으며 세계최대의 거래소시장이다. 뉴욕증권거래소는 장내시장으로서 대리인시장이며 경매방식을 통해 주가가 형성된다.
  - 장내시장에서 주식의 거래는 스페셜리스트(specialist)와 객장거래인(floor trader)에 의해 이루어진다.
  - 스페셜리스트는 거래소 객장에서 객장 거래인들의 매입주문과 매도주문을 받아 중앙경매방식(central auction specialist system)으로 거래를 성사시켜 주는 대리인의 역할을 한다. 스페셜리스트는 또한 자신의 주식재고를 보유하고 자기 명의로 매입가와 매도가를 제시하여 주식거래를 성사시킴으로써 시장조성자 역할을 한다.
- 나스닥시장은 1971년 뉴욕증권거래소 등 정규 거래소 밖인 장외(over-the-counter)에서 거래되던 2,500여개의 주식을 자동가격형성시스템으로 거래하면서 출발하

였다.

나스닥시장의 자동호가 시스템에는 등록된 모든 주식에 대한 모든 딜러들의 매입가와 매도가가 나타난다. 따라서 나스닥시장에서의 주식매매는 스페셜리스트의 매개 없이 딜러간의 협상방식(negotiation system)으로 이루어진다.

5.2 중국 주식시장

◆ 중국의 주식은 상해, 선전, 홍콩 3개 거래소에서 거래된다.

■ 상해거래소는 1990년 개설되었으며 국유 대형기업이 주로 상장된다. 업종별로는 금융, 에너지, 유틸리티 등의 비중이 크다. 시장은 A주시장과 B주시장으로 구성되어 있다.

- A주는 중국 국내기업이 발행하며 국내기관 및 개인(홍콩, 대만 제외)을 대상으로 위안화로 거래되는 보통주를 의미한다. 단, 중국당국으로부터 승인된 적격외국인기관투자가나 위안화적격외국인투자가는 A주를 매매할 수 있다.
- 적격외국인기관투자자(QFII; qualified foreign institutional investor)는 중국역외의 외국인투자자가 외화를 통해 위안화로 환전하여 중국본토의 금융시장에 투자할 수 있도록 허용한 제도이다. 50% 이상을 주식에 투자해야 하는 등 투자대상에 제한이 있다.

- 위안화적격외국인기관투자자(RQFII; RMB qualified foreign institutional investor)는 중국역외의 외국인투자자가 환전절차 없이 위안화로 중국본토의 금융시장에 투자할 수 있도록 허용한 제도이다. 투자자산 배분에 아무런 제한이 없다.

중국 주식의 분류

종류	개념	거래소	거래통화
A주	회사가 중국 본토에 설립되어 있고 중국 본토 거래소에 상장되어 위안화로 거래되는 증권	상해, 선전	위안화
B주	회사가 중국 본토에 설립되어 있고 중국 본토 거래소에 상장되어 있으나 위안화가 아닌 통화로 거래되는 증권	상해, 선전	미달러, 홍콩달러
H주	회사가 중국 본토가 아닌 지역에 설립되어 있고 홍콩 거래소에 상장되어 있는 국영기업의 중국 증권	홍콩	홍콩달러
Red Chip	회사가 중국 본토가 아닌 지역에 설립되어 있고 홍콩 거래소에 상장되어 있는 국영기업의 중국 증권	홍콩	홍콩달러
P Chip	회사가 중국 본토가 아닌 지역에 설립되어 있고 홍콩 거래소에 상장되어 있는 민영기업의 중국 증권	홍콩	홍콩달러
해외 상장주	회사가 중화권이 아닌 지역에 설립되어 있고 미국, 영국, 싱가포르 등에 상장되어 있는 국영기업의 중국 증권	뉴욕, 런던, 싱가포르	미달러, 영국파운드, 싱가포르달러

자료 장홍범, 권태용 417쪽

◆ **중국본토와 홍콩거래소의 연계 : 중국본토와 홍콩거래소 사이에는 내외국인 투자자들의 상호투자 편의를 위해 거래 및 결제시스템이 연결되어 있다.**

- 후강퉁(沪港通) : 2014년 11월에 상해와 홍콩 주식시장간 거래 및 결제시스템이 연결되었다. 沪
- 선강퉁(深港通) : 2016년 12월에 선전과 홍콩 주식시장간 거래 및 결제시스템이 연결되었다.

5.3 영국 주식시장

◆ **런던증권거래소**(LSE; London Stock Exchange)**는 1801년 설립되었으며 3개의 시장으로 구성되어 있다.**

- 1부시장(main market)은 중대형, 우량종목이 상장된 시장이다.
- 대체투자시장(alternative investment market)은 중소형 벤처 및 성장형 종목 중심의 시장이다.
- 전문증권시장(professional securities market)은 전문기관투자사에게 한정하여 자금을 조성하고자 하는 기업이 상장된 시장이다.

5.4 일본 주식시장

◆ **일본거래소(JPX; Japan Exchange)는 2013년에 동경증권거래소와 오사카증권거래소가 통합되어 발족된 지주회사이며 위의 두 거래소를 자회사로 보유하고 있다.**

- 동경증권거래소는 현물주식이 주로 거래되며 대기업 중심의 1부, 중견기업 중심의 2부, IT 및 바이오업체 위주의 MOTHERS(market of the high-growth and emerging stocks)로 구성되어 있다. 또한 과거 오사카증권거래소 내에 있던 중소·벤처업종을 주로 거래하는 JASDAQ 시장을 별도로 가지고 있다.
  동경증권거래소 1부에 상장된 225개 종목을 대상으로 일본경제신문이 산출하는 주가평균방식의 NIKKEI225 지수가 일본주식시장에서 가장 보편적으로 사용되는 주가지수이다.
- 오사카증권거래에서는 파생상품이 주로 거래된다.

제10주

국제금융시장분석지표

1. 국제채권시장 분석지표 : 금리

1.1 주요 선진국 금리

◆ **금리는 국제금융시장에서의 자금차입 비용을 나타낸다. 금리는 국제금융시장의 유동성이 풍부하면 하락하고 유동성이 부족하면 상승한다. 국제금융시장의 자금사정을 나타내는 금리는 수없이 많은 종류가 있지만 그중에서도 주요 선진국의 국채금리가 중요하다.**

■ 미국 국채금리 : 미국 국채금리 가운데에서는 2년 만기 미국 국채금리와 10년 만기 미국 국채금리가 가장 중요하게 관찰된다.

• 2년 만기 미국 국채금리는 10년 만기 미국 국채금리에 비해 상대적으로 단기의 금융시장 자금사정을 나타내며 미 연준의 통화정책 목표금리(federal funds target rate)와 밀접하게 연계되어 있는 것으로 인식되고 있다. 즉, 미 연준이 목표금리를 인하하면 2년 만기 미국 국채금리도 이에 영향을 받아서 하락할 가능성이 큰 것으로 시장에서는 받아들이고 있다.

• 10년 만기 미국 국채금리는 2년 만기 미국 국채금리에 비해 상대적으로 장기의 금융시장 자금사정을 잘 나타내며 기업의 설비투자 수요에 영향을 미치는 금리로 인식되고 있다.

따라서 국제채권시장의 동향을 분석할 때에는 2년 만기 미국 국채금리와 10년 만기 미국 국채금리를 동시에 살펴보면서 두 금리의 상승 또는 하락 여부, 두 가지 금리가 같은 방향으로 움직이는지 여부 등을 종합적으로 살펴보면서 판단하게 된다.

- 유럽 국채금리 : 유럽 국채금리 중에서는 독일 국채금리가 중요하게 관찰되고 있다.
  - 독일 국채금리 중에서 독일의 10년물 국채금리가 가장 중요하다. 그 이유는 독일이 유럽경제를 대표하는 국가로서 독일 국채가 유럽에서 가장 안전한 금융자산으로 인식되기 때문이며 또한 10년물 국채가 기업의 설비투자 수요에 영향을 미치는 금리로 인식되고 있기 때문이다.

1.2 주요 신흥국 금리 및 변동폭

◆ **신흥국 금리는 선진국 금리에 비해 국제금융시장의 불안정성이 커질 경우 큰 변동성을 보인다. 따라서 국제금융시장의 상황 변화를 감안하여 그 때 그 때 더욱 중요하게 인식되는 금리가 달라질 수 있다.**

- 신흥국 금리는 국제금융시장의 불안정성이 커질 경우 그 변동폭을 관찰함으로써 어느 나라 금리가 최근의 국제금융시장 상황에 가장 민감하게 반응하는지를

판단할 수 있다. 대표적인 신흥국으로는 멕시코, 브라질, 남아공, 태국, 한국, 중국, 인도네시아, 인도, 터키, 브라질 등을 들 수 있다.

1.3 미국 국채금리와 회사채금리간의 스프레드

◆ **미국 국채는 두 가지 관점에서 국제금융시장 최고의 안전자산으로 인식되고 있다.**

- 첫째는 달러화로 표시되어 있다는 점이다. 미국 국채는 원금과 이자를 달러화로 지급하기 때문에 다른 통화 표시 채권보다 표시통화의 가치하락 가능성과 변동성이 상대적으로 크지 않은 것으로 인식되고 있다.
- 둘째는 미국 정부, 재무부가 발행한다는 점이다. 미국 정부가 미국 국채의 대금을 지급하지 못할 사유가 발생할 가능성이 사실상 없다고 보는 것이 시장의 인식이다. 따라서 미국 국채는 부도위험, 즉 신용리스크가 거의 제로수준인 안전자산으로 인식되고 있다.

◆ **그러나 다른 채권들, 특히 기업들이 발행하는 회사채는 언제든 부도가 발생할 가능성인 신용리스크를 내포하고 있기 때문에 그러한 리스크가 커질수록 그 리스크를 보상할 만큼 이자율이 더 높아져야 한다. 따라서 국제금융**

시장의 불안정성이 커지는 경우 다른 채권들의 금리가 미국 국채금리보다 더 빠르게 상승하고 그 차이인 스프레드가 커지게 된다.

- 이러한 관점에서 국제금융시장의 금리동향을 분석할 때에는 미국 국채와 투자등급 회사채간의 스프레드 뿐만 아니라 미국 국채와 투기등급 회사채간의 스프레드를 함께 관찰하고 있다.

1.4 단기시장금리 : Libor

◆ **단기시장금리로는 런던 은행간시장에서의 차입금리인 Libor를 관찰한다. 런던 은행간시장에서 달러의 유동성 상황이 악화되면 Libor가 상승하고 유동성 상황이 개선되면 Libor가 하락하기 때문이다.**

1.5 장단기 금리차

◆ **장기금리와 단기금리는 같은 방향으로 움직일 때도 있고 다른 방향으로 움직일 때도 있다.**

- 예를 들어 향후 경제상황이 개선될 것으로 예상되면, 중앙은행의 정책금리(단기금리) 인상이 예상되고 이로부터 직접적으로 영향을 받는 단기 시장금리도 상승

할 가능성이 크다.

■ 그러나 장기 시장금리가 단기 시장금리와 항상 같은 방향으로 움직이는 것은 아님에 유의해야 한다.

- 향후 경제가 장기적으로 개선될 것으로 예상되는 경우에는 투자수요의 증가에 따른 채권발행 수요 증가 예상 등으로 장기금리가 상승할 것이다. 그러나 향후 경제의 장기전망이 불확실한 경우에는 중앙은행의 정책금리 인상 예상에 따른 단기금리의 상승에도 불구하고 장기투자자금 수요의 부진으로 장기금리는 단기금리에 비에 상승폭이 작거나 또는 오히려 하락할 수도 있다.

  이 경우 장기금리에서 단기금리를 차감한 스프레드, 즉 장단기 금리차가 축소될 수 있는 것이다. 따라서 장단기 금리차의 축소는 향후 장기적인 투자전망이 불확실함을 의미하고 이는 곧 장기적인 경제 전망이 부정적임을 의미하는 것으로 해석할 수 있다.

■ 장단기 금리차의 대표적인 지표로서 미국 10년물 국채금리–미국 2년물 국채금리가 이용되고 있다.

1.6 유로지역 국채금리간 금리차

◆ **유로지역 : 유로화를 사용하는 유로지역 국가들의 국채금리는 이들 국가들의 경제성장이나 재정상황 등을 반영하여 결정되며 통상적으로 독일 국채금리에 비해 유로지역 다른 국가들의 국채금리가 높은 것이 일반적이다.**

그 이유는 유로지역 국가들 중에서 독일의 재정상황이나 금융시장의 안정성 등이 유로지역 다른 국가들에 비해 상대적으로 양호하기 때문이다.

- 따라서 독일 국채금리와 유로지역 다른 국가들 국채금리간의 차이인 스프레드를 관찰함으로써 이들 국가들의 경제 상황 및 금융시장 상황의 개선 또는 악화 여부를 가늠해 볼 수 있다.
  - 최근에는 남유럽 주요국가, 예를 들면 이탈리아, 스페인, 포르투갈, 그리스 등의 국채금리와 독일 국채금리와의 차이인 스프레드를 관찰하는데 그 이유는 국제금융시장이 불안정해지면 이들 남유럽 국가들의 금리가 더욱 상승하고 따라서 독일금리와의 스프레드가 더욱 확대되기 때문이다.

1.7 미 연준 금리인상 확률

◆ 미 연준의 목표금리(federal funds target rate)[1] 인상 또는 인하는 다른나라 중앙은행들의 정책금리(또는 기준금리) 방향에 매우 중요하게 영향을 미친다. 이러한 중앙은행들의 금리정책 방향은 또한 시장의 금리향방에 중요한 영향을 미친다.

이러한 이유에서 향후 미 연준의 목표금리 인상 또는 인하 여부 및 그 가능성의 크기는 금융시장에서 매우 중요하게 받아들여진다.

▪ 그런데 향후 미 연준의 금리인상 또는 인하 가능성에는 향후 미경제에 대한 전망과 미 연준의 통화정책 기조, 그리고 국제금융시장의 동향 및 전망 등 다양한 요소가 반영된다.

이러한 요소들에 대한 평가는 연방기금선물금리에 반영될 것이고 이 선물금리의 동향을 관찰하면 시장에서 향후 미 연준의 목표금리 인상 또는 인하 가능성을 크게 보는지 또는 작게 보는지를 알 수 있다. 주요국 중앙은행들이 통화정책 방향을 결정할 때 이 점

---

1) 연방기금금리와 연방기금목표금리 : 연방기금금리(federal funds rate)는 미 연준에 지준예치 의무가 있는 은행들간에 지준자금의 여유가 있는 은행이 지준자금이 부족한 은행에게 일시적으로 자금을 대여할 때 수취하는 이자율이고 따라서 시장금리의 일종이다.

을 주시하고 있는 이유이다.

미 연준은 이 연방기금금리가 미국 은행간 단기자금 시장의 금리로서 미국 금융시장의 유동성 상황을 잘 반영하는 중요한 지표로 판단하고 있다. 따라서 미 연준은 이 금리가 일정범위에서 안정적으로 움직이기를 원하고 그 범위를 공표하며, 만일 이 금리가 그 공표범위를 벗어나면 뉴욕 연준을 통해 채권을 매매함으로써 이 금리가 목표범위내로 복귀하도록 유도하고 있다. 이 목표범위가 미 연준이 발표하는 연방기금 목표금리(federal funds target rate)이다.

2. 국제주식시장 분석지표 : 주가

2.1 주요국 주가

◆ **미국 주가 : 미국 주가는 세계 주식시장의 상황을 대표적으로 보여주고 있다. 이는 미국경제가 세계경제와 밀접히 연관되어 있으면서 가장 크게 영향을 미치는 것으로 인식되기 때문이다.**

- 미국의 주가가 상승한다는 것은 미국 경제가 예상보다 더 양호하다는 것이고 이는 곧 미국으로부터 다른 나라의 제품에 대한 수요 증가 가능성을 의미한다. 따

라서 다른 나라의 주식시장에서도 투자심리가 개선되고 주가가 상승할 가능성이 크다.

이러한 관점에서 미국의 주가는 세계 주가의 선행지표 기능을 한다고 볼 수 있다. 실제로 전일 미국의 주가가 상승하는 경우 다음날 우리나라의 주가가 상승하는 경우가 많고 이에 따라 미국 주가와 우리나라 주가와의 상관계수도 크게 나타난다.

- 미국의 주가 중에서는 다우존스지수와 S&P500지수가 대표적으로 관찰되고 있다.

◆ **유로지역 및 일본 주가 : 미국 외에 대표적인 선진국으로서 유로지역과 일본의 주가가 중요하다.**

- 유로지역의 주가로는 Euro Stoxx 600을, 일본의 주가로는 Nikkei 225지수를 주로 관찰한다.

2.2 주가 변동성

◆ **MSCI 주가지수 : Morgan Stanley Capital International이 작성하는 MSCI 주가지수는 세계 주식 투자가들의 기준지표(benchmark)로서 중요하다.**

- 따라서 MSCI 주가지수, MSCI 선진국지수, MSCI 신흥국지수의 동향을 관찰함으로써 글로벌 주식시장의

전반적인 동향과 변동성을 판단할 수 있다.

◆ **VIX : VIX는 글로벌 주식시장의 변동성을 나타내는 지수로서 국제금융시장의 불안정성이 커지면 상승하는 경향이 있다.**(4.1 국제신용시장 지표 참조)

- 따라서 국제금융시장의 불안정성이 커지고 이에 따라 신흥국 주가가 하락하면, 예를 들어 MSCI 신흥국 지수나 한국의 KOSPI가 하락하는 경우 VIX가 상승하여 반대방향의 추세를 보이는 경우가 많다.

◆ **주요국 주가 변동률 : 주요국의 주가 변동률을 국별로 살펴보는 것도 의미가 있다.**

- 대상 국가는 사안에 따라 달리 선정하면 되겠으나, 선진국 전체 및 신흥국 전체의 주가 변동률과 각국의 주가 변동률을 대조하면서 분석해 보면 각국의 금융시장 상황을 비교 판단하는 데 도움이 될 것이다.

3. 국제외환시장 분석지표 : 환율

3.1 미 달러화 환율

◆ **미 달러화 환율 : 미 달러화는 세계의 기축통화이기 때문에 미 달러화와 여타통화와의 환율 변동을 분석하는 것이 중요하다. 따라서 미 달러화의 환율을 여러 방향으로 관찰한다.**

- 미 달러지수 : 미 달러지수는 미 달러화와 미국의 주요 교역상대국 통화와의 환율을 가중평균하여 작성한 지수로서 이 지수가 상승하면 미 달러화의 가치가 주요 교역상대국 통화 대비 상승하였음을 나타낸다.
- 미 달러화와 개별통화와의 환율 동향 : 미 달러화와 개별통화와의 환율동향을 분석하는 대상환율로는 엔/달러 환율, 달러/유로 환율, 달러/파운드 환율, 그리고 우리나라의 원/달러 환율이 대표적이다.

  여기서 개별통화간 환율동향을 분석할 때 여러 가지 주의할 점이 있다.

  • 첫째, 엔캐리청산과 안전통화 논쟁이다. 엔화와 미 달러화는 둘 다 국제금융시장의 불안정성이 커지면 수요증가로 인해 강세를 보이는 안전통화에 해당한다. 문제는 어느 기간중 엔화의 강세 폭이 달러화의 강세 폭보다 클 경

우 이를 이유로 엔화가 달러화보다 더 안전통화라고 말할 수 있는지 여부이다.
만일, 어느 기간에 엔화의 강세 폭이 미 달러화의 강세폭보다 더 큰 경우 그 이유가 미 달러화를 매도하고 엔화를 매수한 것에 기인하면 엔화가 미 달러화보다 더 안전통화라고 할 수 있을 것이다. 그러나 그 이유가 엔화를 차입해서 성장성이 높은 국가 통화(예를 들어 호주달러화) 자산을 매입(yen carry trade)했다가 국제금융시장의 불안정성 증가로 이 투자를 청산하는 반대방향의 거래(unwinding)을 하는 경우에는 달리 해석될 수 있다. 미 달러화를 매도한 것이 아니고 호주달러화를 매도하고 엔화를 매수함에 따라 엔화의 강세 폭이 더 큰 것이므로 엔화가 미 달러화보다 더 안전통화라고 판단하는 것이 옳지 않을 수 있기 때문이다.

- 둘째, 글로벌 투자자들의 투자행태 변화, Great Rotation 여부를 살펴보아야 한다. 2008년에 발발한 세계적 금융위기 이후 시장참가자들은 경제변수들에 대해 새로운 행태의 반응을 보였으며 이를 금융시장에서는 "Risk-On & Risk-Off"로 부르게 되었음을 이미 살펴보았다.(제2주 외환시장 I 참조)

3.2 신흥국 통화 환율

◆ **신흥국 통화 환율 : 주요 신흥국 통화 환율은 그 때 그 때 국제금융시장의 상황에 따라 중요하게 판단되는 통화의 환율을 중점적으로 분석하게 된다.**

- 통상적으로 중요하게 판단되는 신흥국 통화로는 한국, 중국, 인도, 러시아, 브라질, 인도네시아, 아르헨티나, 터키, 멕시코 통화 등을 들 수 있다. 이들 통화의 특정기간 강세 폭(%) 또는 약세 폭(%)을 관찰하고 이를 신흥국 전체의 통화지수(예; JPM 10개 신흥국 통화지수)와 비교하면 좋은 결과를 얻을 수 있을 것이다.

3.3 미 · 독 금리차와 달러지수

◆ **내외금리차와 환율 : 한 나라의 이자율이 외국의 경우에 비해 높으면 이 나라 자산의 기대수익률이 더 높기 때문에 이 나라 자산을 매입하기 위해 외화가 유입되고 이로 인해 이 나라 통화가치는 상승[2)]하게 된다.**

---

2) 물론 이 나라 통화가치의 상승으로 인해 장기적으로는 수출경쟁력이 악화되고 수입이 수출을 상회하는 마이너스 순수출로 인해 자본이 다시 유출될 것으로 예상됨에 따른 환차손의 예상으로 내외금리차의 효과가 장기적으로는 소멸된다는 것이 금리평가이론의 요지이지만 현실경제에서는 금리평가이론이 항상 성립하는 것은 아니다.

■ 이러한 관점에서 최근 미국과 독일의 국채금리차와 달러지수의 동조성 여부가 관찰되고 있다. 미국의 국채금리가 독일의 국채금리보다 높아서 미 · 독 금리차가 크다는 것은 그만큼 미국 중앙은행이 유럽중앙은행에 비해 미국경제에 대한 자신감이 크다는 것이고 이는 곧 미국경제가 독일경제에 비해 견실하다는 것이다. 따라서 미 · 독 금리차가 확대되는 기간에는 달러지수가 상승하고 반대로 미 · 독 금리차가 축소되는 기간에는 달러지수가 하락하는 현상을 자주 목격할 수 있다.

4. 국제신용시장 및 원자재 시장

4.1 국제신용시장지표

◆ **리보**(London Interbank Offered Rate, 이하 Libor)**는 런던 은행간시장에서의 대출금리라는 의미이다. Libor는 영국은행협회**(British Bankers Association, BBA)**가 매일 산정하여 발표**[3]**한다.**

---

3) 실제 BBA Libor의 산정과 발표는 BBA를 대리하여 Thomson Reuters가 맡고 있다. 매영업일 오전 3시에 각 통화의 표본은행이 해당통화의 15개 만기에 대한 리보를 제출하면 Thomson Reuters는 이 가운데 상위와 하위 각 1/4씩

- 리보는 런던에서 만기 1년 미만의 은행간 대출에 적용되는 단기금리이다. 그러나 리보는 단기와 중기의 대고객 대출 등 변동금리 금융상품의 이자율을 결정하는 기준금리(reference rate)로 이용되고 있다.
- 리보는 또한 금리선물, 금리옵션, 금리스왑 등 금리파생상품의 기준금리(reference rate)로도 이용되고 있다.

◆ **TED 스프레드 : TED 스프레드는 미국달러 리보와 미국단기국채 이자율의 차이를 말한다.**

- 미국달러 리보는 런던 은행간시장에서 미 달러화를 차입할 때 지불하는 이자율로서 국제은행의 신용위험(credit risk)에 대한 리스크 프리미엄이 반영되어 있다.
- 한편, 미국의 단기국채는 미국정부가 발행하기 때문에 부도위험이 없는 안전자산(risk-free asset)으로 인식되고 있다.

  따라서 미국달러 리보는 미국단기국채 이자율보다 높고 두 값의 차이인 TED 스프레드가 양(+)의 값을 보이는 것이 일반적이다. 또한 TED 스프레드는 국제금융시장의 불안정성이 커지면 국제은행의 부도위험

은 제외하고 중간 1/2은행이 제시하는 리보의 평균을 계산하여 이를 BBA 리보로 발표한다.

이 높아지는 것을 반영하여 확대되기 때문에 TED 스프레드는 국제은행시장의 자금경색(credit crunch)을 나타내는 지표로 널리 이용되고 있다.

◆ **Libor-OIS 스프레드 :**

- OIS(overnight index swap)[4]은 고정금리와 변동금리간 금리스왑(interest rate swap)의 일종이다. OIS는 만기가 1주일부터 1년까지로 짧고 변동금리의 기준금리로서 overnight rate를 이용하며 스왑 종료일에 1회 상호 이자를 지급한다.

  미국에서는 변동금리의 기준금리로 overnight federal funds rate를 이용하며 변동금리 이자지급은 스왑기간 동안의 overnight federal funds rate의 기하평균으로 계산한다.

  실제로 OIS에서는 고정금리와 변동금리 이자의 차액을 지급하고 종료된다.

  • 은행 A의 OIS 이용목적 : 고정금리로 자금을 조달하여 변동금리로 운용하는 경우 변동금리 하락시 손실위험에 노출되어 있으므로 이자율이 반대방향인 고정금리 수취를 통해 금리하락시 위험을 헤지할 수 있다.

---

4) 일반적인 금리스왑은 만기가 1년에서 30년까지 장기이고 변동금리의 기준금리로서 3개월 또는 6개월 리보를 이용하며 매 결제기간마다 이자지급을 교환하는 점에서 OIS와 다르다.

OIS 구조

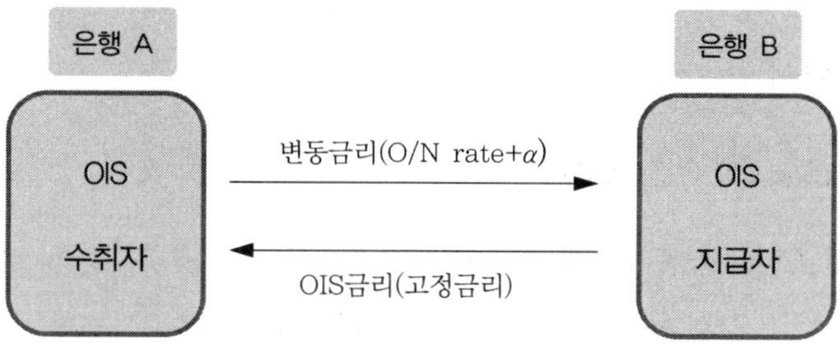

- 은행B의 OIS 이용목적 : 변동금리로 자금을 조달하여 고정금리로 운용하는 경우 변동금리 상승시 손실위험에 노출되어 있으므로 변동금리를 수취하고 고정금리 OIS 지급을 통해 금리상승에 따른 위험을 헤지할 수 있다.

예 시 OIS 사례

① 명목원금 : 1억 달러

② 고정금리 : OIS 3개월 고정금리(예, 2%)

③ 변동금리 : 3개월 O/N rate 기하평균(예, 1.9%)

은행 A의 이자 지급액 : 100,000,000×0.019×(3/12)=475,000달러

은행 B의 이자 지급액 : 100,000,000×0.02×(3/12)=500,000달러

정산금액 : 500,000−475,000=25,000달러*를 B가 A에 지급하고 종료

* 100,000,000×(0.02−0.019)×(3/12)=25,000달러

- OIS는 원금의 교환 없이 이자차액만 결제하므로 거래 상대방의 부도위험인 신용리스크(credit risk) 규모가 리보에 비해 낮다. 따라서 OIS금리는 신용리스크가 상대적으로 큰 Libor에 비해 낮게 결정되고 Libor-OIS 스프레드는 양(+)의 값을 보여준다. 또한 국제금융시장의 불안정성이 높아지면 Libor의 신용리스크도 높아지므로 Libor-OIS 스프레드가 확대된다.

◆ **CDS 프리미엄 :**

- CDS(credit default swap)은 신용파산스왑을 의미한다. 신용파산스왑은 기초자산의 채무불이행 등 신용사건이 발생하면 보장매도자가 보장매수자에게 손실액 또는 일정금액을 보전하기로 하고 그 대가로 보장매도자가 보장매수자로부터 일정 수수료를 수취하는 거래이며 이 수수료를 CDS 프리미엄이라 부른다.
- 신용파산스왑의 거래사례를 예를 들어 보자. A외국은행이 한국기업이 발행한 회사채를 매입했다고 가정하자. 회사채는 여러 가지 이유로 인해 지급불능사태에 빠질 가능성이 있으므로 이러한 리스크로부터 보호받기 위해 A외국은행이 B외국은행과 신용파산스왑을 체결했다고 하자.

  이 경우 A은행은 보장매수자(protection buyer), B은행은 보장매도자(protection seller)가 되고 A은행은 B은행에게 보장에 대한 대가로 일정률의 수수료를 지급한다.

- 만일 계약기간 중에 보유 회사채를 발행한 국내기업이 지급불능사태에 빠지면 신용사건이 발생한 것이며 A은행은 B은행에게 국내기업이 발행한 채권(기초자산)을 인도하고 B은행으로부터 채권금액을 전부 지급받는다. 이 경우 보장매수자인 A은행은 신용파산스왑을 체결하지 않았을 경우에 비해 {채권금액－채권의 시장가치(신용사건 발생으로 인해 대폭 하락)－수수료}의 이익을 얻게 된다.
- 만일 계약기간 중에 신용사건이 발생하지 않으면 A은행은 수수료만 비용으로 지급하고 아무런 이득을 얻지 못한다. 따라서 신용파산스왑은 그 성격이 보험 또는 지급보증과 유사한 것으로 이해할 수 있다.

■ 어느 특정자산의 신용위험이 크면 그에 따른 손실액의 보전 예상금액도 커지기 때문에 보장매도자가 수취하는 수수료가 커진다. 따라서 CDS 프리미엄[5]의 상승 또는 하락은 국제 신용시장의 유동성 상황이나 리스크의 동향을 잘 반영한다고 볼 수 있다.

---

5) 이론적으로 CDS 프리미엄은 만기동안 지급하는 프리미엄의 현재가치의 합이 만기 중 부도로 예상되는 기초자산 손실의 현재가치와 같아지는 수준에서 결정된다.

◆ **VIX지수**

- 미국 CBOE(Chicago Board Options Exchange)에서 거래되고 있는 S&P500옵션의 내재된 변동성(implied volatility)을 VIX라고 부른다. VIX는 S&P500의 향후 30일간 분산값 기대치의 제곱근(표준편차)으로서 연율기준으로 발표된다. 예를 들어 VIX가 15%라는 것은 S&P 500의 예상변동률이 연율로 15%라는 것을 뜻한다. VIX는 이와 같이 연율로 발표되므로 향후 30일간 주가의 예상변동률은 15%× $\sqrt{(1/12)}$ =4.33%가 된다.
- VIX가 높아지면 향후 주식시장의 변동성이 커지고 이에 따라 투자자들의 불안심리가 커지므로 VIX를 흔히 공포지수(fear index)라고 부른다.

5. 국제 펀드자금 이동

5.1 글로벌 펀드자금의 종류별 이동

◆ **글로벌 펀드자금을 주식, 채권, MMF의 유형별 유출입으로 파악하면 글로벌 금융시장의 상황을 판단할 수 있다.**

- 세계경제의 호전이 기대될 경우 주식펀드로의 자금유입과 채권펀드로부터의 자금유출 가능성이 높다.

- 주요국의 금리상승 지속이 기대되는 경우에는 대기성 자금 성격의 MMF로 자금이 유입될 수도 있다. 금리 상승이 지속되면 채권펀드의 평가손에 의한 수익률 하락이 가능하고 주식펀드 수익률도 금리상승으로 떨어질 수 있기 때문에 주요국의 금리상승 횟수 및 강도 등에 대한 판단이 서기 전에는 일단 대기성자금 성격인 MMF에 자금을 넣어 두었다가 나중에 판단이 서면 투자대상을 결정할 수 있기 때문이다.

◆ **글로벌 펀드자금을 선진국 펀드와 신흥국 펀드로 나누어 자금의 유출입을 파악해 볼 필요가 있다.**

- 선진국 금융시장의 상대적 안정세 여부, 중국 등 신흥국의 경기부양책 기대 유무 등이 선진국 펀드와 신흥국 펀드의 자금 유출입에 영향을 줄 수 있다.

6. 국제금융시장지표에 영향을 미치는 변수

6.1 거시경제변수 : 3대 거시경제 데이타

◆ **3대 거시경제 데이터: 3대 거시경제 데이터로서 통상적으로 GDP**(Gross Domestic Product, 국내총생산)**, CPI**(Consumer Price Index, 소비자물가지수)**, 그리고 실업률**(unemployment rate)**을 들 수 있다.**

◆ **GDP : GDP는 한 나라에서 정해진 기간에 생산된 재화와 용역의 시장가치 총액이다. GDP는 명목 GDP와 실질 GDP로 구분된다.**

- 명목 GDP는 한 나라에서 생산된 최종재와 서비스의 총액을 경상가격으로 표시한 것으로 재화나 서비스의 생산량이 늘거나 경상가격이 상승하면 명목 GDP는 증가한다. 명목 GDP는 한 나라 경제의 규모나 구조를 보여준다.
- 실질 GDP는 한 나라에서 생산된 재화와 용역의 가치를 불변가격으로 나타낸 것이다. 여기서 불변가격은 기준년도의 가격을 의미한다. 따라서 실질 GDP는 생산된 재화나 서비스의 양이 늘어날 경우에는 증가하지만 재화나 서비스의 가격 상승만으로는 증가하지 않는다. 실질 GDP는 경제의 성장이나 변동을 분석할 때 사용되며 경제성장률은 아래와 같이 계산된다.

$$t\text{기의 경제성장률}(\%) = \frac{\text{실질 GDP}_t - \text{실질 GDP}_{t-i}}{\text{실질 GDP}_{t-i}} \times 100$$

연간 성장률 산출시 : $i=1$

분기 성장률 산출시 : $i=1$(전분기대비) 또는 $i=4$(전년동분기대비)

■ GDP와 시장변수 간의 관계 : GDP는 가장 중요한 거시경제 변수이다. 따라서 GDP 통계가 발표되면 시장변수가 즉각 이에 따라 반응하게 된다.

미국의 GDP 성장률이 예상보다 양호하게 발표된 것으로 가정하고 국제금융시장 변수들의 반응에 대한 논리를 전개해 보자.

- 주식시장 : 양호한 미국의 GDP 데이터는 미국 자산의 가치상승 가능성을 의미한다. 이에 따라 미국의 주가가 상승할 가능성이 높다. 물론 업종별로 상이한 양상을 보일 수 있지만 미국 주가가 전반적으로 상승할 가능성이 높다.

  양호한 미국의 GDP 데이터로 미국의 주가가 상승할 경우 세계 다른 나라 주가는 어떻게 반응할까?

  미국의 주가상승이 글로벌 투자심리의 전반적인 개선으로 해석되면 다른 나라의 주가도 동반상승할 수 있다. 미국의 경제호조는 미국의 다른 나라 제품에 대한 수입수요의 증가를 의미하고 이에 따라 세계경제에 연쇄적인 긍정적 파급효과가 발생할 수 있기 때문이다.

  그러나 미국의 주가상승이 미국경제의 차별화된 양호한 실적에 기인한 것으로 해석되면 상대적으로 부진한 국가의 주식에서 미국의 주식으로 투자자금이 이동할 수 있다. 이 경우 다른 나라의 주가는 하락하는 현상이 발생할 수 있다.

  중요한 것은 투자가들이 미국 GDP 데이터의 양호한 실적에 대해 어떠한 방향으로 반응하느냐에 달려 있다. 과거의 경험을 획일적으로 동일하게 적용하려는 자세는 옳지 않다.

- 채권시장 : 양호한 미국의 GDP 데이터로 인해 미국 자산의 가치상승 가능성이 있다는 것은 성장성 자산 또는 위험자산에 해당하는 말이다. 경제성장이 예상보다 양호하면 더욱 성장 가능성이 높은 자산에 대한 투자수요가 증가할 것이다.
  그런데 채권은 이미 발행된 경우 만기까지 지급되는 이자율이 이미 정해져 있어서 경제성장이 양호해지더라도 추가적인 이자수입이 불가능하다. 더욱이 앞으로 경제가 더욱 호조를 보임에 따라 중앙은행이 정책금리를 인상하고 이로 인해 시장금리가 따라서 상승하는 경우 보유채권의 가치가 하락함으로써 손실(capital loss)을 볼 가능성이 있다.
  이 경우 향후 금리 상승에 따른 채권가치의 하락 가능성에 대응하여 채권을 매도하고 주식으로 투자를 전환하려는 수요가 발생할 수 있다.
  이에 따른 채권매도 증가 및 주식 매수 증가로 인해 채권가격의 하락과 주가 상승이 연결될 수 있다.

- 외환시장 : 양호한 미국의 GDP 데이터로 인해 미국 자산의 가치상승 가능성이 있으면 미국 자산을 매입하기 위해 달러화가 필요하다. 달러화에 대한 수요 증가로 달러

화 가치가 상승할 것이고 이는 곧 달러지수의 상승으로 나타난다.

그러나 예외적으로 다른 현상인 Risk-On 현상이 나타날 수 있음을 국제외환시장에서 살펴보았다. 세계 여러 나라의 경제지표가 이미 예상보다 양호한 상황에서 미국의 경제지표도 예상보다 좋으면 투자가들이 더욱 성장성이 높은 통화표시 자산에 투자할 수 있다. 안전통화인 미 달러 자산을 팔고 더욱 성장성이 높은 통화(예를 들어 세계 경제의 회복이 시작될 때 원자재 수출로 가장 먼저 성장성이 좋아지는 호주달러 같은 통화)를 매수함으로써 미 달러화 가치가 하락할 수도 있다. 국제금융시장을 분석할 때에는 항상 신축적인 사고가 필요하다.

◆ **소비자물가지수**(CPI, Consumer Prices Index) **: CPI는 한 국가내 특정 그룹 재화와 용역의 가격 수준에 가중치를 반영하여 산출한 물가지수로서 한 나라의 전반적인 물가 수준을 나타낸다.**

- 이 CPI의 전년도대비 변화율이 인플레이션으로 당국의 인플레이션 수치 발표는 금융시장지표에 큰 영향을 미친다.

$$\text{인플레이션율}(\pi_t,\ \%) = \frac{CPI_t - CPI_{t-1}}{CPI_{t-1}} \times 100$$

CPI_{t-1} : 전년도의 소비자물가지수,
CPI_t : 당해년도의 소비자물가지수

■ 주요국 중앙은행들은 통화정책 목표를 정책금리의 목표수준 또는 목표범위로 발표하면서 목표 인플레이션율을 함께 발표한다. 이는 테일러가 제안한 통화정책률(Monetary Policy Rule, Taylor Rule)에 기초한 것이다.

- 인플레이션이 목표 수준보다 높아지면, 중앙은행은 정책금리의 인상을 통해 인플레이션의 하락을 유도하는 디스인플레이션 정책을 수행한다.
  이 경우 정책금리를 어느 정도 인상하면 인플레이션을 적절한 수준으로 낮출 수 있을지를 아래와 같이 소위 통화정책 룰(Monetary Policy Rule) 또는 테일러 룰(Taylor Rule)에 기초하여 추정할 수 있다.

$$ff_{target} = \pi + r_n + 1/2(\pi - \pi_{target}) + 1/2(\text{GDP Gap, \%})$$
$$ff_{target} - \pi = r_n + 1/2(\pi - \pi_{target}) + 1/2(\text{GDP Gap, \%})$$

ff_{target} : 연방기금 목표 이자율(the federal funds target rate),
r_n : 자연 실질 이자율,
GDP Gap(%) : GDP 성장률 – 잠재GDP 성장률

- 아래와 같은 가정과 함께 이 통화정책 룰의 의미를 생각해 보자.
  ① 가정1 : 균형수준의 실질연방기금이자율(equilibrium real *FF* rate)=2%,
  ② 가정2 : 목표 인플레이션율(target inflation)=2%,
  ③ 가정3 : 산출 갭(output gap)=1%

만일 실제 인플레이션율이 목표수준인 2%보다 높은 3%로 상승한다면 연준은 목표 이자율(FF_{taget} rate)을 어떻게 변경해야 하는가 ?

$$
\begin{aligned}
FF_{taget,\,\pi=2\%} = \ & \text{inflation rate}(2\%) \\
& + \text{equilibrium real } FF \text{ rate}(2\%) \\
& + 1/2(\text{inflation gap, } 0\%) \\
& + 1/2(\text{output gap, } 1\%) \\
= \ & 4.5\%
\end{aligned}
$$

위의 식에서 실제 인플레이션율이 2%이고 목표 인플레이션율도 2%이면 인플레이션 갭(실제 인플레이션율−목표 인플레이션율)이 0이 되고 이에 따라 연준의 목표금리(ff_{taget})는 4.5%가 된다.

$$
\begin{aligned}
FF_{taget,\,\pi=3\%} = \ & \text{inflation rate}(3\%) \\
& + \text{equilibrium real } FF \text{ rate}(2\%) \\
& + 1/2(\text{inflation gap, } 1\%) \\
& + 1/2(\text{output gap, } 1\%) \\
= \ & 6.0\%
\end{aligned}
$$

위의 식에서 만일 실제 인플레이션율이 3%로 상승하면 목표 인플레이션율(2%)보다 1%p 높은 수준이고 이것이 곧 인플레이션 갭이기 때문에 중앙은행의 목표금리는 6%가 되어야 한다.

결국, 중앙은행 정책금리 간의 차이($FF_{taget,\,\pi=3\%}$ −

$FF_{taget, \pi = 2\%}$)는 6.0−4.5=1.5%p이다. 이는 곧 실제 인플레이션율이 목표 수준을 1%p 상회하면 중앙은행은 인플레이션을 목표수준으로 낮추기 위해 정책금리를 명목금리 기준으로 1.5%p 올려야 한다는 것을 의미한다.
왜냐하면, 정책금리를 명목금리 기준으로 1.5%p 올려야 인플레이션 상승효과 1%p(2% → 3%)를 차감하고 정책금리를 실질이자율 기준으로 0.5%p 올림으로써 물가상승 압력을 억제할 수 있다는 것이다.

■ 당국이 발표하는 실제 인플레이션율이 목표수준을 상회하면 중앙은행의 정책금리 인상 가능성을, 실제 인플레이션율이 목표수준을 하회하면 중앙은행의 정책금리 인하 가능성을 의미한다. 따라서 당국의 실제 인플레이션율 발표는 향후 금융시장지표의 방향성 예측에 중요한 영향을 미친다.

- 여기서 중요한 것은 시장은 경제지표에 항상 같은 방향으로 반응하지 않는다는 점이다. 실제 인플레이션율이 목표 범위를 밑돌아 중앙은행의 목표금리 인하가 예상될 경우, 시장은 두 가지 상반된 반응을 보일 수 있다.
  만일, 중앙은행의 목표금리 인하로 시장금리도 따라서 하락하고 이어서 경기 활성화가 예상될 경우에는 향후 기업의 수익성 개선 등으로 높은 수익성이 기대되는 주식으로 자금이 이동할 수 있다.

반대로, 중앙은행의 목표금리 인하가 그 나라의 경제상황이 매우 좋지 않음을 나타내는 것으로 인식되고 시장의 불확실성 등으로 목표금리 인하의 효과를 확신할 수 없는 경우에는 기업의 실적개선을 통한 주가상승을 기대하기 어렵다.

특히 경제회복의 불확실성 등으로 향후 추가적인 금리인하가 기대되는 경우에는 이미 발행되어 매기 고정된 이자수입이 있으면서 향후 금리하락으로 자본이득을 기대할 수 있는 채권으로 투자자금이 유입될 수도 있다. 앞에 살표 본 Risk-On & Risk-Off의 경우와 같이 신축적인 판단이 필요하다.

◆ **실업률**(unemployment rate, u) **: 실업률은 미 연준을 포함한 주요 중앙은행이 통화정책을 수립하고 집행할 때 모니터링 하는 3대 주요 거시경제지표의 하나이며 다음과 같이 산출된다.**

$$\text{실업률}(u) = \frac{\text{실업자수}}{\text{경제활동인구(취업자수+실업자수)}} \times 100(\%)$$

- 실업률이 갖는 의미 : 일반적으로 실업률이 중앙은행의 목표 수준 또는 장기균형 수준보다 높아지면, 이는 곧 경제의 활력이 중앙은행의 기대치에 못 미치는 것을 의미한다.

이 경우 중앙은행은 보다 완화적(accommadative) 통화정책을 펼치는 경향이 있다. 여기서 완화적 통화정책이란 목표 이자율의 인하 또는 채권매입을 통한 통화량의 공급 증가 등을 의미한다.

- 여기서 주의할 점은 실업률이 실제 노동시장의 상황을 제대로 보여주지 못하는 경우[6]가 발생할 수도 있다는 점이다. 아래와 같은 사례의 가능성을 감안하여 실업률 통계가 발표될 경우 그 해석에 신중을 기할 필요가 있다.
  - 구직활동의 포기 : 만일 어떤 사람이 구직활동을 포기하게 되면 경제활동인구의 산출대상에서 제외된다. 그러면 경제활동인구 통계와 실업자 통계가 같이 감소하게 되는데 분모인 경제활동인구 수치보다 분자의 실업자 수치가 작기 때문에 실업자 감소율이 경제활동인구 감소율보다 더 커서 실업률 수치가 줄어들게 된다. 그러나 실제로 실업자가 감소한 것이 아니기 때문에 노동시장의 실제상황은 변한 것이 없다.
  - 불완전 고용 : 취업자 통계에는 취업자로 분류되지만 생활비를 벌기에 충분한 시간을 일하지 못하는 사람들이

6) 이러한 실업률의 한계를 감안하여 국제금융시장에서는 비농업부문 신규취업자수를 고용시장의 실제 상황을 나타내는 중요한 지표의 하나로 관찰하고 있다.

있다. 예를 들어 한국의 경우 고용통계 조사주간 중 1시간 이상 일하면 취업자로 분류된다. 그러나 이 사람은 주당 1시간의 근무를 통해 생활에 필요한 충분한 급여를 얻을 수 없다. 이러한 사람들이 많을수록 통계상으로는 취업자가 증가하고 실업률이 감소하지만 이들은 완전한 취업자로 볼 수 없기 때문에 실업률이 경제상황을 제대로 보여주지 못할 수 있다.

6.2 정치경제적 변수와 지정학적 리스크

◆ 정치경제적 변수

■ 국제정치적 합의(International political accord) : 소위 주요 5개국(Group of 5, G5 : 미국, 영국, 독일, 프랑스, 일본) 재무장관들이 1985년 미국 뉴욕 프라자호텔에 모여 독일 마르크화와 일본 엔화의 가치를 절상시키기로 합의하였다. 이것이 바로 소위 플라자 합의(Plaza Accord)이다.

- 만일 앞으로 이와 유사한 국제정치적 합의가 있다면, 이러한 합의는 외환시장에서 해당 통화 환율의 중장기적 추세에 영향을 미칠 것이다.

◆ 지정학적 리스크

■ 지정학적 긴장(Geopolitical tension) : 지정학적 긴장이

고조되면, 시장참가자들은 보다 보수적인 투자 자세를 보이며 안전자산을 선호하게 된다. 외환시장에서는 달러화가 기축통화로서 대표적인 안전자산이므로 달러화에 대한 수요가 증가하고 달러화는 강세를 보인다.

제11주

국제금융시장 리스크관리 개요

1. 리스크의 개념

◆ **금융에서 리스크(risk)란 예상하지 못한 사건(event)에 의해 금융자산이나 부채의 가치가 미래에 변동할 가능성을 말한다. 그러나 미래의 가치변동 가능성은 현시점에서 알 수 없는 불확실성(uncertainty)을 의미하므로 이 불확실성이 리스크로 인식되고 있다.**

- 한편, 미래 가치변동의 불확실성 가운데 자산가치의 증가 가능성은 이익을 가져오는 것으로서 큰 문제가 없기 때문에 자산가치의 손실 가능성인 하방리스크(downside risk)를 중심으로 리스크를 정의하고 그 대응 방안을 찾는 연구가 중요하다.

2. 리스크의 분류

◆ **리스크는 그 발생 원인을 중심으로 아래와 같이 분류할 수 있다.**

- 신용리스크(credit risk) : 신용리스크는 거래상대방의 채무불이행이나 신용등급의 하락 등으로 인해 경제적 손실을 입을 수 있는 가능성을 말한다.

- 시장리스크(market risk) : 시장리스크는 고객의 거래요청이나 자기포지션 취득과 관련하여 헤지(hedge)되지 않은 부분(exposure)에 대해 시장 가격변수의 변동에 의해 보유자산의 가치가 변동할 가능성을 말한다. 시장리스크는 보유자산의 가격 민감도가 클수록 또한 보유기간이 길수록 커진다.
- 환 노출(foreign exchange exposure) : 환 노출은 외환거래와 관련하여 환율의 변동에 따라 외화 자산이나 부채의 가치가 변할 수 있는 부분으로서 외환거래 후 헤지(hedge)되지 않은 부분을 말한다.
- 금리리스크(interest rate risk) : 금리리스크는 예상하지 못한 이자율의 변동에 의해 보유자산이나 부채의 가치가 변동할 가능성을 말한다. 금리리스크는 자산과 부채의 성격, 유형, 만기, 현금흐름의 시기와 크기, 예상보유기간 등에 따라 다양하게 발생한다.
  - 금리리스크를 시장리스크의 한 부분으로 인식할 수도 있으나 금융기관의 경우 투자목적으로 보유하는 시장성 자산(예 : 국채, 회사채 등 채권)의 가치가 이자율의 변동으로 인해 변동할 가능성은 시장리스크로 인식하고, 금융기관의 영업과 관련하여 보유하는 자산(예 : 대출)과 부채(예 : 예금)의 가치가 이자율의 변동으로 인해 변동하는 경우는 금리리스크로 분리하여 파악한다.

- 금리리스크가 발생하는 유형은 다음과 같이 예시할 수 있다. 첫째는 자산과 부채의 만기 불일치에 따라 발생하는 경우이다. 단기차입 또는 단기예금으로 조달한 자금을 장기 고정금리로 대출한 상황에서 시장금리가 상승하는 경우 자금을 신규로 조달하는 금리는 상승하지만 대출이자 수입은 이미 고정되어 있어 손실이 발생할 수 있다. 둘째는 시장금리의 변동으로 수익률곡선의 형태가 변하여 손실이 발생하는 경우이다. 예를 들어 장기채권의 보유비중이 높아 채권 포트폴리오의 듀레이션이 긴 상황에서 수익률곡선이 보다 가파르게 변동할 경우 채권 포트폴리오의 가치가 크게 하락할 수 있다.

■ 유동성리스크(liquidity risk) : 유동성이란 어떤 자산을 시간이나 가격 면에서 큰 손실 없이 적정가격으로 원활하게 처분할 수 있는 환금성(convertibility)을 말한다. 따라서 유동성리스크는 금융기관이 개별기관의 유동성 부족이나 시장 전체적인 유동성 부족 등으로 인해 자금조달이나 자산의 처분과 관련하여 손실을 입을 가능성을 말한다.

- 자금조달 유동성리스크 : 자금조달 유동성리스크는 금융기관이 자금의 조달과 운용상 만기불일치 또는 예상하지 못한 자금유출 등으로 인해 유동성 부족이 발생하고 이 부족자금을 적기에 조달하지 못하거나 또는 조달비용이

급상승함으로써 손실을 입을 가능성을 말한다.

- 시장 유동성리스크 : 시장 유동성리스크는 시장침체 등으로 인해 금융기관 등이 보유포지션에 대한 반대거래를 적정가격으로 하지 못함으로써 손실을 입을 가능성을 말한다.

■ 운영리스크(operation risk) : 운영리스크는 부적절하거나 잘못된 내부절차, 인력시스템 및 외부사건 등으로 인해 손실이 발생할 가능성을 말한다.

- 운영리스크의 유형 : BIS(Bank for International Settlements, 국제결제은행)는 운영리스크가 발생할 수 있는 사건의 유형을 내부사기, 외부사기, 고용관행과 작업장 안전, 고객·상품 및 거래 관행, 유형자산의 피해, 영업상 혼란과 시스템 이상, 실무처리 과정상 오류의 7가지로 분류하고 있다.

■ 결제리스크(settlement risk) : 결제리스크는 금융거래의 결제일에 거래 상대방이 결제를 이행하지 않음으로써 손실을 입을 가능성을 말한다. 예를 들어 외환거래의 경우 자기회사는 결제일에 매도통화를 지급하였으나 매입통화는 수취하지 못한 상태에서 거래상대방의 파산 등으로 인해 수취예정 통화를 받지 못할 리스크를 말한다.

- 결제리스크는 채권거래, 외환거래 및 장외파생상품거래 등 주로 장외거래에서 발생하며, 결제리스크에 노출되는 기간은 결제일에 지급을 한 후 지급의 취소가 불가능한 때부터 수취해야 할 금액이 최종 수취될 때까지이다.
- 결제리스크를 회피하기 위하여 국내 채권시장에서는 채권결제와 대금결제가 동시에 일어나는 DVP(Delivery Versus Payment)제도를 시행하고 있고, 국제외환시장에서는 CLS 은행[1)]을 중심으로 매도통화와 매수통화의 동시결제를 통해 외환리스크 감축노력을 하고 있다.

◆ **리스크의 종합적 판단 필요성 : 리스크를 파악할 때에는 여러 가지 리스크 요인들이 복합적으로 나타나는 특성이 있다는 점에 유념해야 한다. 예를 들어 A가 B와 원/달러 외환거래를 하는 경우 아래와 같은 리스크가 발생할 수 있다.**

■ 신용리스크(credit risk) : A는 매도통화를 결제하였으나 B가 대금결제를 이행하지 않을 가능성이 있다.

■ 시장리스크(market risk) : 원화 또는 달러화의 가치 변동으로 자산이나 부채의 가치가 변동할 가능성이 있다.

---

1) Continuous Linked Settlement Bank International로서 선진국의 주요 민간은행들을 중심으로 매입통화의 수취와 매도통화의 지급이 동시에 이루어지도록 하는 PVP(Payment Versus Payment) 방식을 도입하기 위해 설립된 은행이다.

■ 운영리스크(operation risk) : 담당직원들이 고의로 업무를 부당하게 처리하거나 또는 과실로 과다한 대금지급을 하는 등의 사건으로 손실이 발생할 가능성이 있다.

◆ **국제금융시장론에서 다룰 리스크의 범위 : 리스크의 포괄범위는 위에서 살펴 본 바와 같이 매우 넓다. 따라서 국제금융시장론에서는 리스크 가운데 국제금융시장과 직접 관련이 있는 시장리스크를 중심으로 다루고자 한다. 다만, 신용리스크 가운데 국제금융시장 거래에서 거래상대방의 신용도 하락이나 채무 불이행으로 인해 손실이 발생할 가능성인 일부 신용리스크는 이 책에서 다룰 것이다.**

3. 시장리스크의 측정

◆ 측정 대상 시장리스크 : 시장리스크는 금리, 주가, 환율 등 시장가격의 변화에서 비롯되는 금융자산의 가치변화 가능성을 의미한다. 그러나 가치가 예상과 달리 상승하는 경우는 문제가 되지 않으므로 가치가 예상과 달리 하락하여 손실을 입게 되는 가능성인 하방 리스크(downside risk)로 국한하여 리스크를 측정하는 방안을 설명할 것이다.

◆ **VaR**(Value at Risk) **: VaR, Value at Risk를 글자대로 풀이하면 리스크 상태에 있는 가치이다. VaR는 금융자산 가운데 시장가격의 변화로 인해 금융자산 가치에 손실이 발생할 가능성이 있는 부분의 가치를 의미한다.**

- VaR는 특정 보유기간, 신뢰수준, 확률분포를 전제할 때 정상적인 시장조건하에서 보유자산에 발생할 수 있는 최대손실 가능액의 통계적 추정치를 말한다. VaR는 확률밀도함수가 정규분포를 이룬다고 가정하고 산출한다. 모든 통계분포는 표본수가 충분히 커지면 정규분포에 근접하는 특성이 있기 때문이다. 또한 VaR는 일정한 신뢰수준에서 발생할 수 있는 최대손실액에 대해서만 추정하므로 한쪽 꼬리(one tail)만을 이용하여 확률을 계산한다.

  다음의 그림은 자산포지션의 손실분포를 나타내는 좌우대칭의 정규분포 확률밀도함수이다. 좌우대칭선의 우측은 자산의 가치상승으로 인한 이익을 나타내고 좌측은 자산의 가치하락으로 인한 손실을 나타낸다. 이 좌측영역 가운데 임의의 임계치 x를 기준으로 x보다 큰 부분($x \sim +\infty$)의 누적면적이 신뢰구간이고 x보다 작은 부분($-\infty \sim x$)의 누적면적이 유의수준이다.

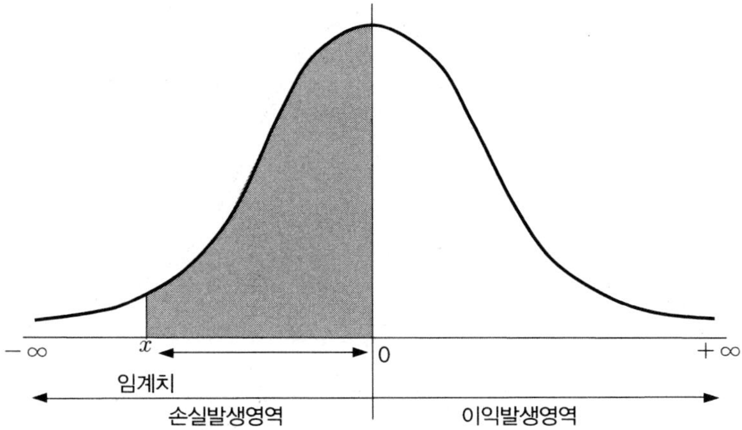

만일 99% 신뢰수준에서 VaR를 추정한다면 x부터 $+\infty$까지 확률밀도함수를 적분한 값이 99%가 될 것이며 여기서 이익이 발생하는 부분을 제외하고 손실이 발생하는 부분의 면적만 리스크로 인식하여 VaR로 산출한다.

표준화 정규분포를 가정하면 신뢰수준이 99%일 경우 임계치 $z=-2.33$이 되며 이는 곧 $-\infty$부터 -2.33까지의 표준정규분포의 면적이 1%임을 의미한다.

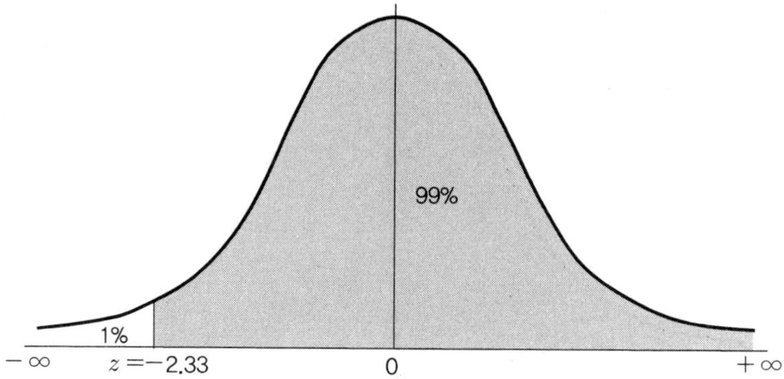

신뢰수준 99%라는 것은 누적표준정규분포에서 z값이 $-\infty \sim -2.33$까지 있을 확률이 1%라는 것을 의미한다.

- 포트폴리오 포지션의 일별 VaR값이 99% 신뢰수준에서 100억 원이라면, 이는 곧 정상적인 시장 상황 하에서 손실이 100억 원을 넘지 않을 확률이 99%이고 손실이 100억 원을 초과할 확률이 1%임을 의미한다.
- 금융자산의 수익률이 정규분포를 이룬다고 가정하고 이 금융자산을 T일 동안 보유했을 때의 VaR를 수식으로 표시하면,

$$VaR = \text{포지션의 가치} \times \text{1일 수익률의 표준편차} \times \text{신뢰수준 } z\text{값} \times \sqrt{T}$$ [2)]

2) 이는 다음의 세 가지 가정 하에 성립한다. 첫째, 목표기간이 변해도 확률분포가 변하지 않아서 정규분포의 동일한 임계치를 사용할 수 있다. 둘째, 다

단, 수익률의 표준편차는 변동성을 의미하며 신뢰수준이 95%인 경우의 z값은 표준정규분포 $z \leq 0$일 때의 $N(z)$의 값을 표에서 찾으면 된다. $N(z)$값 0.05에 가장 가까운 0.0495일 때의 z값은 -1.65이므로 이 값을 사용한다.

따라서 신뢰수준 95%일 때의 보유기간 10일의 VaR는

$$
\begin{aligned}
VaR &= \text{포지션의 가치} \times \text{수익률의 1일 표준편차} \\
&\quad \times \text{신뢰수준 } z\text{값} \times \sqrt{T} \\
&= \text{포지션의 가치} \times \text{수익률의 1일 표준편차} \\
&\quad \times 1.65 \times \sqrt{10}
\end{aligned}
$$

◆ 신뢰수준과 목표구간

- 신뢰수준 : 신뢰수준은 실제 거래에서 발생하는 손실이 VaR를 초과하지 않을 확률을 의미한다. 따라서 신뢰수준이 높아질수록 실제 거래에서 발생하는 손실이 VaR를 초과할 확률이 작아지고 위험에 대해 더욱 보수적이 된다.

양한 목표기간의 경우에도 확률분포가 동일하여 동일한 분산을 사용할 수 있다. 셋째, 매일 매일의 수익률 동향이 일별로 독립적 항등분포를 한다. 이 경우 매일 매일의 분산이 모두 같기 때문에 T일간의 분산은 하루 분산의 T배가 된다. 따라서 분산의 제곱근인 표준편차의 경우 T일의 표준편차는 1일 표준편차의 $\sqrt{T}$배가 된다. (조규진 p. 171)

- 목표기간 : 목표기간은 포트폴리오의 가치변동을 계산할 때 이용되는 기간이다. 이는 포트폴리오의 보유희망기간으로서 포트폴리오를 청산하기 전까지 보유할 것으로 기대되는 기간으로 이해할 수 있다.

- 신뢰수준과 보유기간이 서로 다른 VaR를 비교하기 위해서는 신뢰수준과 보유기간을 동일한 기준으로 전환시키는 것이 필요하다.
  예를 들어, 99% 신뢰구간과 10영업일의 보유기간을 적용하여 산출한 VaR를 95% 신뢰구간에서 1일 보유기간으로 산출하려면 다음과 같은 작업이 필요하다. 우선, 99%의 신뢰수준을 95%의 신뢰수준으로 전환시키기 위해 99% 신뢰도의 z값 2.33으로 나누고 95% 신뢰도의 z값 1.65을 곱하여야 한다. 1.65/2.33의 비율을 곱하는 것과 같다. 그 다음 10영업일의 VaR을 1일 기준으로 전환하기 위해서는 $\sqrt{10}$ 으로 나누어야 한다. 그러면 계산식은 아래와 같이 된다.

$$VaR_{95\%,\ 1일} = VaR_{99\%,\ 10일} \times \frac{1.65}{2.33} \times \frac{1}{\sqrt{10}}$$

◆ VaR 측정 예제[3]

예제 1 현재 원화를 대가로 10,000달러 상당의 달러화 매입포지션을 보유하고 있다고 가정하자. 원/달러의 1일 환율변동성(σ, 표준편차)이 1.0%라고 할 때, 99% 신뢰수준으로 10일 VaR를 산출해보자.

풀이

$VaR=$ 포지션의 가치 $\times$ 자산의 1일 표준편차

$\times$ 신뢰수준 z값 $\times \sqrt{T}$

$= 10{,}000\$ \times 0.01 \times 2.33 \times \sqrt{10}$

$= 736.8\$$가 된다.

예제 2 현재 3년 만기 국채를 1억 원 상당 보유하고 있으며 채권유통시장의 금리가 5%라고 가정하자. 수정듀레이션(D_{Mod})이 2.7, 수익률의 1일 변동성이 0.3%라고 할 때, 95% 신뢰수준으로 1일 VaR를 산출해보자.

풀이

$VaR=$ 포지션의 가치 $\times$ 채권의 1일 표준편차 $\times$ 신뢰수준 z값 $\times \sqrt{T}$로 산출할 수 있으나 문제에서는 수익률의 변동

3) VaR 측정 예제는 최영한의 "국제금융 리스크관리"(2015.2) pp 78~83을 참조하고 저자의 풀이를 덧붙여 작성하였다.

성만 주어졌으므로 이를 이용하여 채권가치의 변동성을 산출해야 한다. 따라서 먼저 채권가격의 변동성과 수익률의 변동성과의 관계를 도출해 보자.

채권가격(PV, 이하 P)$= CF/(1+i)^1 + CF_2/(1+i)^2 ++++ CF_n/(1+i)^n$이다. 이제 채권가격을 이자율에 대해 미분하면,

$$\begin{aligned} dP/di &= (d/di)\{CF_1\cdot(1+i)^{-1} + CF_2\cdot(1+i)^{-2} ++++ \\ &\quad CF_n\cdot(1+i)^{-n}\} \\ &= -1\cdot CF_1\cdot(1+i)^{-2} - 2\cdot CF_2\cdot(1+i)^{-3} ++++ \\ &\quad n\cdot CF_n\cdot(1+i)^{-n-1} \\ &= -1\cdot(1+i)^{-1}\{1\cdot CF_1\cdot(1+i)^{-1} + 2\cdot CF_2\cdot(1+i)^{-2} \\ &\quad ++++ n\cdot CF_n\cdot(1+i)^{-n}\}\text{이 된다.} \end{aligned}$$

그런데, 듀레이션(Macaulay Duration, 이하 D_{Mac})이

$$\begin{aligned} D_{Mac} &= \{1\cdot CF_1\cdot(1+i)^{-1} + 2\cdot CF_2\cdot(1+i)^{-2} ++++ \\ &\quad n\cdot CF_n\cdot(1+i)^{-n}\}/P\text{이므로} \end{aligned}$$

$\{1\cdot CF_1\cdot(1+i)^{-1} + 2\cdot CF_2\cdot(1+i)^{-2} ++++ n\cdot CF_n\cdot(1+i)^{-n}\}$ $= D_{Mac}\cdot P$이고 이를 위의 식에 대입하면,

$$\begin{aligned} dP/di &= -1\cdot(1+i)^{-1}\cdot D_{Mac}\cdot P \\ D_{Mac} &= -(dP/di)\cdot(1+i)/P \\ &= (1+i)\cdot\{-(dP/di)\}\cdot(1/P)\text{이 된다.} \end{aligned}$$

위의 식에서 $\{-(dP/di)\}\cdot(1/P)$는 이자율의 변화에 따른 채권가격의 변화를 채권의 가격으로 나눈 값으로, 채권의

단위가격당 이자율의 변화에 따른 채권가격의 변화를 보여준다. 이 값을 수정 듀레이션(Modified Duration, 이하 D_{Mod})이라 부른다.

즉, $D_{Mac} = (1+i) \cdot D_{Mod}$이고 $D_{Mod} = -(dP/di)(1/P) = -(dP/P) \cdot (1/di)$에서 $dP/P = -D_{Mod} \cdot di$가 된다.

이제 이 식을 이용하여 채권가격의 변동성을 구해보자

$dP/P = -D_{Mod} \cdot di$

$= -D_{Mod} \cdot (di/i$, 수익률의 변동성$) \cdot i$(채권유통시장금리)

$= -2.7 \times 0.003 \times 0.05$

$= 0.0405\%$가 된다.

따라서 VaR값은 아래와 같이 구할 수 있다.

VaR = 포지션의 가치×채권가격의 1일 표준편차×신뢰수준 z값× $\sqrt{T}$

$= 100{,}000{,}000 \times 0.0405\% \times 1.65 \times \sqrt{1}$

= 66,825원이 된다.

예제 3 A주식을 100억원 상당 보유하고 있는데 일간 변동성이 2%라고 가정하고, 95% 신뢰구간에서 10일 VaR를 산출해보자.

풀이

VaR = 포지션의 가치×자산가치의 1일 표준편차×신뢰수준 z값× $\sqrt{T}$

$$=100억원\times0.02\times1.65\times\sqrt{10}$$
$$=10.4355억원$$이 된다.

예제 4 신뢰수준 95%에서 원/달러 딜러의 1일 할당 VaR가 100만 달러이고 원/달러의 1일 변동성이 2%라고 가정할 때, 이 딜러가 취할 수 있는 원/달러의 1일 포지션을 산출해보자.

풀이

VaR=포지션의 가치×자산가치의 1일 표준편차×신뢰수준 z값×$\sqrt{T}$

100만 달러=포지션의 가치$\times0.02\times1.65\times\sqrt{1}$

따라서 포지션의 가치=$\frac{100만 달러}{0.02\times1.65}$=3,030만 달러가 된다.

◆ **포트폴리오 VaR : 포트폴리오의 변동성은 포트폴리오를 구성하는 각 자산의 변동성과 구성자산간의 상관계수에 의해 결정된다. 따라서 포트폴리오 VaR를 계산하기 위해서는 각 자산의 변동성과 구성자산간의 상관계수를 이용하여 포트폴리오의 분산을 구하고 이를 이용하여 포트폴리오의 VaR를 산출하면 된다.**

- 포트폴리오 분산의 계산 : 두 자산 A, B에 각각 W_A, W_B의 가중치로 투자된 포트폴리오의 분산은 아래와

같이 나타날 수 있다.

$$
\begin{aligned}
&Var(W_A \cdot A + W_B \cdot B) \\
&= E\{W_A \cdot A + W_B \cdot B - E(W_A \cdot A + W_B \cdot B)\}^2 \\
&= E[\{W_A \cdot A - E(W_A \cdot A)\} + \{W_B \cdot B - E(W_B \cdot B)\}]^2 \\
&= E[W_A \cdot \{A - E(A)\} + W_B \cdot \{B - E(B)\}]^2 \\
&= E[W_A^2 \cdot \{A - E(A)\}^2 + W_B^2 \cdot \{B - E(B)\}^2 \\
&\quad + 2W_A \cdot \{A - E(A)\} \cdot W_B \cdot \{B - E(B)\}] \\
&= W_A^2 \cdot E\{A - E(A)\}^2 + W_B^2 \cdot E\{B - E(B)\}^2 \\
&\quad + 2W_A W_B E[\{A - E(A)\} \cdot \{B - E(B)\}] \\
&= W_A^2 \cdot Var(A) + W_B^2 \cdot Var(B) + 2W_A W_B \cdot Cov(A, B) \\
&= W_A^2 \cdot Var(A) + W_B^2 \cdot Var(B) + 2W_A W_B \cdot \rho_{AB} \sigma_A \sigma_B
\end{aligned}
$$

예제 다음과 같이 두 개의 자산으로 구성된 포트폴리오의 1일 VaR를 신뢰수준 95%에서 산출해보자.

	자산A	자산B
현 재 가 치	200	100
1일 변동성	2%	3%
투자 가중치	2/3	1/3
상 관 계 수	−0.4	

풀이

포트폴리오 분산은

$$Var(W_A \cdot A + W_B \cdot B)$$

$$= E\{W_A \cdot A + W_B \cdot B - E(W_A \cdot A + W_B \cdot B)\}^2$$
$$= W_A^2 \cdot Var(A) + W_B^2 \cdot Var(B) + 2W_A W_B \cdot \rho_{AB}\sigma_A\sigma_B$$
$$= (2/3)^2 \cdot (2\%)^2 + (1/3)^2 \cdot (3\%)^2$$
$$+ 2(2/3)(1/3) \cdot (-0.4)(2\%)(3\%)$$
$= 1.711\%^2$ 이므로

포트폴리오의 변동성은 $\sqrt{1.711\%^2} = 1.308\%$가 된다.
따라서 포트폴리오 VaR는 아래와 같이 산출할 수 있다.

$VaR =$ 포지션의 가치 × 포트폴리오의 1일 표준편차
× 신뢰수준 z값 × $\sqrt{T}$
$= 300 \times 1.308\% \times 1.65 \times \sqrt{1}$
$= 6.4746$이 된다.

이 문제는 자산A, 자산B의 VaR를 각각 구한 후 이를 이용하여 아래와 같이 풀이할 수도 있다.

$VaR_A =$ 포지션의 가치 × 포트폴리오의 1일 표준편차
× 신뢰수준 z값 × $\sqrt{T}$
$= 200 \times 2\% \times 1.65 \times \sqrt{1}$
$= 6.6$

$VaR_B =$ 포지션의 가치 × 포트폴리오의 1일 표준편차
× 신뢰수준 z값 × $\sqrt{T}$
$= 100 \times 3\% \times 1.65 \times \sqrt{1}$
$= 4.95$

$$VaR_p = (VaR_A^2 + VaR_B^2 + 2\rho \cdot VaR_A \cdot VaR_B)^{(1/2)}$$
$$= \{6.6^2 + 4.95^2 + 2 \cdot (-0.4) \cdot 6.6 \cdot 4.95\}^{(1/2)}$$
$$= 6.5$$

◆ **공헌 VaR : 포트폴리오 전체의 VaR 가운데 포트폴리오를 구성하는 각 자산이 어느 정도를 차지하는지를 공헌 VaR라고 한다. 개별자산의 공헌 VaR는 자산을 운용하는 부서별 또는 개인 트레이더별 리스크 배분의 근거로 활용될 수 있다.**

- 공헌비율 : 두 자산 A, B로 구성된 포트폴리오에서 포트폴리오 분산은 아래와 같이 산출할 수 있다.

$$\begin{aligned} Var_p &= Var(W_A \cdot A + W_B \cdot B) \\ &= E\{W_A \cdot A + W_B \cdot B - E(W_A \cdot A + W_B \cdot B)\}^2 \\ &= W_A^2 \cdot Var(A) + W_B^2 \cdot Var(B) + 2W_A W_B \cdot \rho_{AB}\sigma_A\sigma_B \\ &= \{W_A^2 \cdot Var(A) + W_A W_B \cdot \rho_{AB}\sigma_A\sigma_B\} \\ &\quad + \{W_B^2 \cdot Var(B) + W_A W_B \cdot \rho_{AB}\sigma_A\sigma_B\} \\ &= \text{자산A의 기여분} + \text{자산B의 기여분} \end{aligned}$$

따라서 이들 자산A의 기여분과 자산B의 기여분이 포트폴리오 전체 분산에서 차지하는 비율이 바로 공헌 VaR가 된다.

자산 A의 공헌 VaR

$$\begin{aligned} &= \frac{\{W_A^2 \cdot Var(A) + W_A W_B \cdot \rho_{AB}\sigma_A\sigma_B\}}{Var_p} \\ &= \frac{(2/3)^2 \cdot (2\%)^2 + (2/3)(1/3) \cdot (-0.4)(2\%)(3\%)}{1.711\%^2} \\ &= \frac{1.244\%^2}{1.711\%^2} = 0.727(72.7\%) \end{aligned}$$

자산 B의 공헌 VaR

$$= \frac{\{W_B^2 \cdot Var(B) + W_A W_B \cdot \rho_{AB} \sigma_A \sigma_B\}}{Var_p}$$

$$= \frac{(1/3)^2 \cdot (3\%)^2 + (2/3)(1/3) \cdot (-0.4)(2\%)(3\%)}{1.711\%^2}$$

$$= \frac{0.467\%^2}{1.711\%^2} = 0.273(27.3\%)$$

여러 자산으로 구성된 포트폴리오의 VaR는 분산 · 공분산 행렬을 이용하여 산출한다.

4. 신용리스크 관리

◆ 신용리스크의 의의 : 신용리스크는 거래상대방의 부도나 신용악화 등에 따라 보유자산의 가치에 입을 수 있는 경제적 손실 가능성을 의미한다.

최근에는 금융시장에서의 경쟁이 날로 심화되면서 금융시장 참가자들이 수익성 확보를 위해 새로운 금융상품이나 보다 복합적인 금융상품의 개발 및 투자에 더욱 적극적이 됨에 따라 신용리스크의 형태가 보다 다양해지고 또한 복잡해지고 있다. 이로 인해 신용파생상품이나 보유자산 유동화증권 같은 새로운 형태의 신용리스크 관리방법이 증가하고 있다.

- 신용파생상품을 이용한 신용리스크 관리 : 신용파생상품은 보유자산으로부터 신용리스크를 분리하여 다른 기관에 이전할 수 있게 해주기 때문에 신용파생상품을 활용하면 보유자산 규모를 축소하지 않고도 적극적인 신용리스크 관리가 가능하다.
- 자산유동화증권 : 자산유동화증권은 대출, 채권 등 특정자산을 기초로 하여 발행되는 채권으로 금융기관이 대출자산 등을 재무제표에서 이동시킬 수 있는 수단으로 이용되고 있다.

제12주

국제금융시장별 리스크 관리 Ⅰ: 환리스크 관리

1. 환리스크의 의의

◆ 국제금융시장에서는 거래대금을 서로 다른 통화로 지급하고 수취하는 결제가 이루어진다. 여기서 거래대금을 결제하는 시점의 환율변동에 따라 지급하는 금액이나 수취하는 금액이 변동한다.

외화표시 자산이나 부채를 보유하는 경우 결산시점 등 필요시에 이를 자국통화 기준으로 전환해야 하는데 이 경우 환율의 변동으로 외화표시 자산이나 부채의 자국통화 가치 환산액이 변하게 된다.

◆ 환리스크란 이처럼 미래 환율의 변동으로 인해 특정통화를 대가로 다른 통화를 지급하거나 수취하는 금액을 알 수 없는 불확실성을 의미한다.

- 예를 들어 살펴보자. 수출업체가 3개월 후에 수출대금 1억 달러를 받기로 했을 때 이 수출업체 입장에서 환리스크는 무엇을 의미할까?

  현재 원/달러 환율이 1달러당 1,000원이라고 가정하자. 그런데 3개월 후의 원/달러 환율은 알 수 없다. 만일 3개월 후에 원/달러 환율이 1,000원보다 높아져 예를 들어 1,050원이 되면 이 수출업체는 3개월 후에 받는 1억 달러를 환전하여 1,050억 원을 수취한다. 그런데 만일 3개월 후에 원/달러 환율이 1달러당 1,000

원보다 낮아져 예를 들어 950원이 되면 이 수출업체는 3개월 후에 받는 1억 달러를 환전하여 950억 원을 수취한다.

이 수출업체는 3개월 후에 들어 올 1억 달러의 원화가치를 현재로서는 알 수가 없고 따라서 3개월 후의 시점 기준으로 자금계획을 수립할 수 없다. 3개월 후 미래 시점에 유입될 1억 달러의 원화가치를 확정할 수 없는 불확실성(uncertainty), 이것이 환리스크이다.

2. 환리스크 관리의 의의

◆ **환리스크 관리란 환리스크를 없애는 것이다. 환리스크가 미래 시점에 유입될 특정통화의 다른 통화 기준 가치를 확정할 수 없는 불확실성이므로, 이 불확실성을 없애면 되는 것이다. 따라서 미래시점에 유입되거나 유출되는 특정통화의 가치를 다른 통화 기준으로 확정(fix)시키는 것이 바로 환리스크 관리이다.**

다른 관점에서는 외화의 유출입이 다양하게 존재하기 때문에 이들의 특성을 감안하여 외화의 결제금액 자체를 줄이는 것도 리스크를 줄이는 방법이 될 수 있다. 구체적인 내용을 살펴보자.

3. 환리스크 관리 방법

3.1 환전규모 자체를 줄이는 방법

◆ **환리스크는 특정통화를 다른 통화로 환전할 때 두 통화 간의 환율이 변동함에 따라 발생한다. 따라서 환전규모 자체를 줄이면 환리스크가 줄어든다.**

- 네팅(netting) : 네팅은 동일인 상호간 외화를 지급하고 수취해야 하는 경우 지급과 수취를 각각 하지 않고 가능한 금액을 상계한 후 그 차액만 지급 또는 수취함으로써 환전 필요규모 자체를 줄이는 방법을 말한다.
  예를 들어 A가 B에게 10억 달러를 지급해야 하고 동일시점에 B는 A에게 5억 달러를 지급해야 한다고 가정하자. 이 경우 A와 B가 모두 10억 달러와 5억 달러를 각각 지급하는 경우는 총액결제(gross settlement)에 해당한다.
  그런데 5억 달러를 상계하고 남는 5억 달러만 A가 B에게 지급해도 둘 사이의 경제적 실익에는 변함이 없으며 이는 차액결제(net settlement)에 해당한다. 이러한 차액결제를 이용하면 환전규모 자체가 총 15억 달러에서 5억 달러로 10억 달러 줄어들고 그로 인해 환리스크도 줄어든다.

- 매칭(matching) : 매칭은 동일통화의 지급액과 수취액이 있을 경우 그 시기를 일치시킴으로써 외화의 지급을 위한 외화매입시 환전 필요성과 외화 수취로 인한 외화매도시 환전 필요성을 제거하는 것이다.
  글로벌 은행과 글로벌 기업의 경우 세계 도처에서 영업을 함에 따라 여러 나라 통화로 수취와 지급이 일어난다. 이 경우 유로지역에서 유로로 수취한 자금은 유로지역에서 유로로 지급하고, 미국에서 달러로 수취한 자금은 미국에서 달러로 지급함으로써 환전의 필요성을 최소화할 수 있다. 환전 규모가 줄어들면서 환리스크도 줄어든다.

3.2 외화의 지급 시기 조절을 통한 환리스크 관리

◆ **향후 환율의 전망에 따라 외화의 지급시기를 앞당기거나(leading) 또는 늦추는 전략(lagging)이 유리할 수 있다.**

- 리딩(leading) : 대금을 달러화로 지급해야 하는 상황에서 달러의 가치가 계속 상승세에 있는 경우, 즉, 원/달러 환율이 계속 상승세에 있는 경우에는 계약상 지급이 가능한 시기 중 가장 빠른 시기에 지급함으로써 외화매입에 필요한 원화를 최소화할 수 있다.
- 래깅(lagging) : 대금을 달러화로 지급해야 하는 상황에

서 달러의 가치가 계속 하락세에 있는 경우, 즉 원/달러 환율이 계속 하락세에 있는 경우에는 계약상 지급이 가능한 시기 안에서 지급시기를 지연시킴으로써 외화매입에 필요한 원화를 최소화할 수 있다.

3.3 환율 전망에 따른 자산/부채 관리

◆ **향후 환율의 전망에 따라 강세가 예상되는 통화의 자산비중을 늘리고 약세가 예상되는 통화의 자산비중을 줄이는 전략을 취할 수 있다.**

- 주의할 점은 향후 통화의 가치가 전망과 다르게 움직일 경우에는 이러한 전략의 수행으로 인해 오히려 환차손을 입을 수 있다는 점이다.

  따라서 이러한 전략을 추진할 때에는 환율 전망을 신중히 해야 하고 또한 강세가 예상되는 통화의 비중을 늘릴 때에도 리스크 관리 원칙에 따라 일정한 준칙하에 일정범위 내에서만 시행해야 한다는 점이다.

◆ **향후 환율의 전망에 따라 강세가 예상되는 통화의 부채비중을 줄이고 약세가 예상되는 통화의 부채비중을 늘리는 전략도 위의 경우와 같은 논리로 수행할 수 있으며 동일한 논리의 주의를 요한다.**

3.4 파생금융상품을 이용한 환리스크 관리

◆ **환율 상승이 예상되는 경우 : 현재 원/달러 현물환율이 1,000원이며 이 환율이 당분간 계속 오를 것으로 예상된다고 가정하고 아래와 같이 달러화 자산을 가진 경우와 달러화 부채를 가진 경우로 나누어 환리스크 관리방안을 생각해 보자.**

■ 달러화 자산을 가진 경우 :

① 달러화 보유 : 달러화 자산을 보유한 상황에서 환율이 오를 것으로 예상되는 경우 달러화를 환전할 때 원화의 환산금액이 늘어날 것이므로 달러화를 보유하면서 필요시 천천히 환전하면 된다. 주의할 점은 실제 환전이 필요한 시기에 실제로 달러화 환율이 오른다고 장담할 수 없다는 점이다.

② 달러화 선물매도 : 환율은 시장의 예상과 다르게 움직이는 경향이 많기 때문에 환율이 향후 예상대로 오른다고 장담할 수 없다. 따라서 이러한 불확실성을 피하고자 한다면 달러화 매도가 필요한 시기의 가격으로 달러를 선물매도 하면 된다.

만일 3개월 후의 선물환율이 1달러당 1,005원이면 이 선물환율로 달러의 선물매도 계약을 체결하는 것이다. 그러면 향후 3개월 후 원/달러 환율이 얼마가 되더라도 1달러를 매도하여 1,005원을 수취할 수 있다.

3개월 후의 원/달러 현물환율이 1달러당 1,005원보다 높은 수준, 예를 들어 1,025원으로 오르면 1달러를 1,025원에 팔 수 있는 것을 선물매도 계약으로 인해 1,005원에 팔아야 하므로 손실이 발생한다. 반대로 환율이 1달러당 1,005원보다 낮은 수준, 예를 들어 995원으로 낮아지면 1달러를 시장에서 995원에 팔아야 하는데 선물매도 계약으로 인해 1,005원에 매도할 수 있으니 이익이 발생한다.

③ 달러화 풋옵션 매입 : 위의 달러 선물매도에서 환차익의 가능성을 보유하고 환차손의 가능성은 없애는 거래가 있다. 달러 보유자가 유리한 경우 달러매도를 원하면 상대방이 이 달러를 매수하는 의무를 지고 달러보유자가 불리한 경우에는 달러매도 요구를 하지 않는 것이다. 달러화를 팔 수 있는 권리를 달러화 풋옵션이라 하고 이 옵션을 매입하여 유리한 상황에서 달러화를 팔 수 있는 선택권(option, 권리)을 보유한 자를 풋옵션 매수자라고 한다. 반대로 풋옵션 매도자는 상대방의 요구에 의해 계약가격으로 달러화를 매수하는 의무를 지는 대가로 수수료(옵션 프리미엄)를 수취한다.

위의 예에서 풋옵션 매수자는 환율이 1달러당 1,005원보다 낮은 수준, 예를 들어 990원으로 낮아지면 1달러를 계약환율인 1,005원에 매도할 수 있으므로 시장환율 990원에 비해 15원을 더 받을 수 있다.

환율이 1달러당 1,005원보다 높은 수준, 예를 들어 1,020원으로 높아지면 풋옵션을 행사하지 않고 1달러를 시장환율 1,020원에 매도하는 것이 더 유리함으로 옵션을 행사하지 않으면 된다.

■ 달러화 부채를 가진 경우 :

① 달러화 매입, 예치 : 달러화를 지금 현물시장에서 매입하여 외화예금으로 보유한다. 이 경우는 비용과 이익을 함께 고려하여 이익이 비용보다 큰 경우 쓸 수 있는 방법이다.

비용은 달러화 매입자금인 원화를 지금부터 상환시점까지 차입하는 데 필요한 이자비용이다. 이익은 매입한 달러화를 지금부터 상환시점까지 외화예금하여 얻는 이자수익에 상환시점까지의 예상환차익을 더한 금액이다.

② 달러화 선물매수 : 환율상승이 예상될 경우 시장에서 달러화를 선물로 매수하는 계약을 하면 나중에 환율이 오르더라도 선물환 계약환율로 달러화를 매입할 수 있다. 만일 3개월 후의 선물환율이 1달러당 1,005원이면 이 선물환율로 달러의 선물매수 계약을 체결하는 것이다. 그러면 향후 3개월 후 원/달러 환율이 얼마가 되더라도 1달러를 1,005원에 매입할 수 있다.

3개월 후의 원/달러 현물환율이 1달러당 1,005원보다 높은 수준, 예를 들어 1,025원으로 오르면 1달러를 1,025원에 사야하는 것을 선물매수 계약으로 인해 1,005원에 살 수 있으므로 달러당 20원을 절약할 수 있다. 반대로 환율이 1달러당 1,005원보다 낮은 수준, 예를 들어 990원으로 낮아지면 1달러를 시장에서 990원에 살 수 있는 것을 선물매수 계약으로 인해 1,005원에 사야하므로 달러당 15원을 더 지불해야 한다.

③ 달러화 콜옵션 매입 : 위의 달러 선물매수에서 환차익의 가능성을 보유하고 환차손의 가능성은 없애는 거래가 있다. 달러 필요자가 유리한 경우 달러매수를 원하면 상대방이 이 달러를 매도하는 의무를 지고 달러 필요자가 불리한 경우에는 달러매수 요구를 하지 않는 것이다. 달러화를 살 수 있는 권리를 달러화 콜옵션이라 하고 이 옵션을 매입하여 유리한 상황에서 달러화를 살 수 있는 선택권(option)을 보유한 자를 콜옵션 매수자라고 한다. 반대로 콜옵션 매도자는 상대방의 요구에 의해 계약환율로 달러화를 매도하는 의무를 지는 대가로 옵션 프리미엄을 수취한다.

위의 예에서 콜옵션 매입자는 환율이 1달러당 1,005원보다 높은 수준, 예를 들어 1,025원으로 높아지면 옵션을 행사하여 1달러를 계약환율인 1,005원에 매입할 수 있으므로 시장에서 1,025원에 매입하는 경우에 비해 달러당 20원을 절약할 수 있다. 콜옵션 매도자는 시장에서 1달러당 1,025원에 매도할 수 있는 달러를 계약대로 1,005원에 매도하는 의무를 부담하는 대가로 옵션 프리미엄을 수취한다.

환율이 1,005원보다 낮은 수준, 예를 들어 1달러당 990원으로 낮아지면 옵션을 행사하지 않고 시장환율 990원에 달러를 매입하는 것이 더 유리하므로 옵션을 행사하지 않으면 된다.

- 달러화가 일정기간만 필요한 경우[1] : 이 경우에는 그 필요한 기간 동안 외환스왑 시장이나 통화스왑 시장에서 달러화를 조달하여 사용하면 된다. 달러화를 매입하여 사용한 후 나중에 필요 없을 때 팔면서 환리스크를 부담할 필요가 없는 것이다.
  - 1년 이내 기간 : 달러화가 1년 이내의 기간 동안 필요한 경우는 스왑대상기간이 1년 이내인 외환스왑을 이용하면 된다. 달러화 필요시점에 외환스왑시장에서 달러를 현물환으로 매수(buy)하고 상환시점에 맞추어 달러를 선물환으로 매도(sell)하는 거래가 결합된 buy&sell 외환스왑을 함으로써 환리스크 없이 필요기간만 달러화를 조달하여 사용할 수 있다. 이 경우 현물환율과 선물환율의 차이인 스왑포인트가 이 거래의 이자에 해당한다.
  - 1년 이상 기간 : 달러화가 1년 이상의 기간 동안 필요한 경우는 스왑대상기간이 1년 이상인 통화스왑을 이용하면

1) 달러화 포지션에 일정기간 여유가 있는 경우에는 위에 언급한 반대방향의 외환스왑과 통화스왑을 통해 달러화를 환리스크 없이 운용할 수 있다.

된다. 달러화 필요시점에 통화스왑시장에서 달러를 현물환으로 매수하고 상환시점에 맞추어 달러를 선물환으로 매도하는 거래가 결합된 통화스왑을 함으로써 환리스크 없이 필요기간 달러화를 조달하여 사용할 수 있다. 이 경우는 외환스왑과 달리 원화이자와 외화이자를 주기적으로 교환한다.

◆ **환율 하락이 예상되는 경우 : 현재 원/달러 현물환율이 1,000원이며 이 환율이 당분간 내릴 것으로 예상된다고 가정하고 아래와 같이 달러화 자산을 가진 경우와 달러화 부채를 가진 경우로 나누어 환리스크 관리방안을 생각해 보자.**

■ 달러화 자산을 가진 경우 :

① 달러화 매도 : 달러화 자산을 보유한 상황에서 환율이 내릴 것으로 예상되는 경우 달러화를 환전할 때 원화의 환산금액이 줄어들 것이므로 달러화를 최대한 빨리 원화로 환전하고 싶은 마음이 들게 된다.

② 달러화 선물매도 : 환율은 시장의 예상과 다르게 움직이는 경향이 많기 때문에 환율이 향후 예상대로 내린다고 장담할 수 없다. 따라서 이러한 불확실성을 피하고자 한다면 달러화 환전이 필요한 시기의 가격으로 달러를 선물매도 하면 된다.

만일 3개월 후의 선물환율이 1,005원이면 이 선물환율로 달러의 선물매도 계약을 체결하는 것이다. 그러면 향후 3개월 후 원/달러 환율이 얼마가 되더라도 1달러를 매도하여 1,005원을 수취할 수 있다.(세부 내용은 앞의 설명을 참조하기 바란다.)

③ 달러화 풋옵션 매입 : 위의 달러 선물매도에서 환차익의 가능성을 보유하고 환차손의 가능성은 없애는 거래가 있다. 달러화 풋옵션을 매입하는 것이다.(세부 내용은 앞의 설명을 참조하기 바란다.)

■ 달러화 부채를 가진 경우 :

① 달러화 매입 시기 지연(lagging) : 달러화 부채를 보유하고 있는데 환율이 내려갈 것으로 예상되는 경우는 달러화 매입 시기를 늦춤으로서 달러를 조달할 때 원화의 지급 금액이 작아질 것을 기대할 수 있다.

② 달러화 선물매수 : 환율하락이 예상된다고 해서 실제로 환율이 항상 예상대로 하락하는 것은 아니다. 이러한 불확실성을 해소하기 위해서는 부채상환 시기에 맞추어 달러화 선물매수를 하면 된다.(세부 내용은 앞의 설명을 참조하기 바란다.)

③ 달러화 콜옵션 매입 : 위의 달러 선물매수에서 환차익의 가능성을 보유하고 환차손의 가능성은 없애는 거래가 있다. 달러 필요자가 유리한 경우 달러매수를 원하면 상대방이 이 달러를 매도하는 의무를 지고 달러 필요자가 불리한 경우에는 달러매수 요구를 하지 않는 것이다.

달러화 콜옵션을 매입하는 것이다.(세부 내용은 앞의 설명을 참조하기 바란다.)

제13주

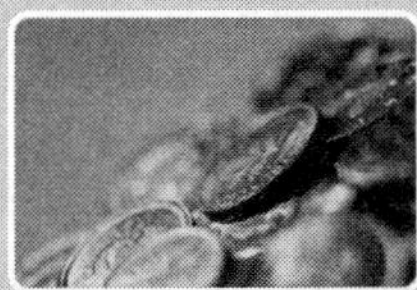

국제금융시장별 리스크 관리 Ⅱ: 금리리스크 관리 및 신용리스크 관리

1. 금리리스크 관리

1.1 금리리스크 관리의 의의

◆ 금리리스크 관리란 넓은 의미에서는 국제금융시장의 금리동향에 따라 자산과 부채의 가치가 변동할 가능성에 대비하는 것을 말한다. 그러나 이 책에서는 국제금융시장 리스크로 그 범위를 국한하기 때문에 금리 변동에 따라 채권의 가치가 변동할 가능성에 대비하는 것을 중심으로 설명하고자 한다.

채권 관련 이론부분에서 살펴보았듯이 채권가치는 시장금리의 변동에 크게 영향을 받는다. 따라서 국제금융시장의 금리리스크 관리는 보유채권 관련 이자율 변동 가능성 및 이에 따른 채권가치의 변동 가능성에 대한 관리로 이해할 수 있다.

◆ 이러한 관점에서 금리리스크 관리 방안으로는 듀레이션이나 컨백시티 등을 감안한 채권투자 전략의 전반적인 조정방안과 금리파생상품을 활용한 헤지 방안으로 구분하여 살펴 볼 수 있다. 채권투자 전략의 전반적인 조정방안은 제15주차에서 설명할 것이므로 제13주차에서는 금리파생상품을 이용한 헤지 방안을 중심으로 설명한다.

1.2 금리선물을 이용한 국제채권시장 리스크 관리

◆ **금리선물의 의의 : 금리선물이란 금리에 의해 가격이 결정되는 금융자산(예, 채권)을 기초자산으로 미래 약정일(만기일)에 미리 정한 가격으로 자산을 매입 또는 매도하기로 약정하는 것을 말한다.**

- 금리상승 예상시 금리선물 매도 : 금리상승이 예상되는 경우, 이는 곧 향후 보유채권의 가치 하락이 예상된다는 것이다. 이 경우 금리선물을 매도하면 실제로 향후 금리 상승으로 채권의 가치가 하락할 경우, 미리 약정한 금리선물계약에 의해 수취하는 채권매도가격이 금리상승으로 하락한 시장가격으로 매입하는 채권가격보다 높기 때문에 이익이 발생한다.
  이렇게 발생한 이익이 보유채권에서 금리상승으로 발생하는 손실을 상쇄할 수 있기 때문에 금리상승이 예상되는 경우 금리선물의 매도를 통해 보유채권의 가치하락 가능성을 헤지(hedge)[1)]할 수 있다.

---

1) 헤지(hedge)에는 직접헤지(direct hedge)와 교차헤지(cross hedge)가 있다. 직접헤지(direct hedge)는 헤저(hedger)가 현물시장에서 취급하는 현물상품과 동일한 상품이 선물시장에 상장되어 있는 경우에 그 선물상품을 이용하여 헤지를 하는 것을 말한다. 교차헤지(cross hedge)는 현물상품과 일치하는 선물상품이 존재하지 않는 경우 현물과 유사한 특성을 가지며 비슷한 가격변동 패턴을 보이는 선물상품을 이용하여 헤지하는 것을 말한다.

◆ 금리선물의 거래 메커니즘

- 거래절차 : 금리선물 거래는 거래당사자가 선물시장[2]에 직접 참여하지 않고 선물중개회사를 통해 이루어진다.
- 결제 : 금리선물 거래의 결제는 만기시 현물인수도 또는 현금차액결제로 이루어지거나 만기전 반대매매[3]에 의해 종결된다.

◆ **금리선물의 가격 결정 : 보유비용모형**(Cost of Carry Model)

- 채권투자가가 특정일에 특정채권을 보유하고자 할 경우 현물채권을 매입하여 보유하거나 특정일을 만기로 하는 금리선물을 매입하면 되기 때문에 두 경우의 가치는 동일하다.
    - 현물채권을 매입하여 보유하는 경우에는 ① 현물채권 매입재원을 조달하여 이를 통해 현물채권을 매입한 후 ② 특정일까지 보유해야 하므로 채권 매입일부터 특정일까지 기간 동안의 조달비용이 발생하며, ③ 보유기간 동안 채권으로부터 발생하는 이자수입이 유입된다.

---

2) 선물시장은 선물중개회사외에 선물시장을 개설·운영하는 선물거래소, 거래소 소속기관으로서 회원간 일일정산업무를 수행하는 청산소 및 시장참가자인 고객으로 구성된다.

3) 반대매매에 의한 결제는 선물매입에 대해서는 만기 전에 선물매도로, 선물매도에 대해서는 만기 전에 선물매입을 통해 이루어진다.

① 현물채권 매입비용은 현물채권의 가격이 된다. S(spot)

② 특정일까지의 보유비용은 현물채권을 매도하지 못하고 특정일까지 보유해야 하기 때문에 현물채권 매입대금에 조달금리를 곱한 비용을 현물채권 매입일부터 특정일까지 기간 동안 반영해야 한다. 만일 현물채권 매입비용을 S(spot)라 하고 조달금리인 이자율을 r(interest rate)이라 하면 위의 특정기간(t)동안 조달비용은 $S \cdot r \cdot t$가 될 것이다.

③ 보유기간 중 획득하는 이자수입은 채권의 쿠폰이자율을 i_{cp}라고 하면 $S \cdot i_{cp}$가 된다.

따라서 현물채권을 매입하여 특정일까지 보유하는 경우의 비용은 $S + S \cdot r \cdot t - S \cdot i_{cp} = S - S(i_{cp} - r) \cdot t$가 된다.

- 특정일을 만기로 하는 금리선물을 매입하려면 금리선물 가격(F)을 지불해야 한다.
- 그런데, 두 경우는 같은 상황을 의미하므로 결국 금리선물의 이론적 가격은 $F = S - S(i_{cp} - r) \cdot t$가 된다.

예를 들어 표면금리(i_{cp})가 12%인 채권이 현물시장에서 \$100에 거래되고 있으며(S=\$100) 시장금리가 6%(r=6%)이고 만기까지 6개월 남았을 경우, 선물가격은 아래와 같이 산출된다.

$$\begin{aligned} F &= S - S(i_{cp} - r) \cdot t \\ &= \$100 - \$100(0.12 - 0.06) \times (6/12) \\ &= \$97 \end{aligned}$$

◆ **헤지비율의 결정 : 헤지비율이란 현물시장에서 초래되는 자산 또는 부채의 위험노출을 헤지하기 위하여 매입 또는 매도해야 하는 선물계약 수를 말한다.**

- 헤지비율은 헤지수단으로 이용될 선물계약의 가치변동액과 헤지대상 현물자산가치 예상변동액의 비율로서 현물포지션의 단위수량당 헤지를 위하여 필요한 선물계약수를 의미한다.
- 완전헤지가 이루어진다고 가정할 경우, 현물포지션의 가치변동액(현물포지션 구성 현물수량×단위 현물가격 변동액)은 선물포지션의 가치변동액(선물계약수×계약단위×단위 선물가격 변동액)과 같아야 한다.
  따라서, 현물포지션 구성 현물수량×단위 현물가격 변동액=선물계약수×계약단위×단위 선물가격 변동액의 등식이 성립해야 한다.
  이로 인해

$$\text{헤지비율} = \text{선물계약수} = \frac{\text{현물수량} \times \text{단위 현물가격 변동액}}{\text{계약단위} \times \text{단위 선물가격 변동액}}$$

$$= \frac{\text{현물수량} \times \text{현물 듀레이션}}{\text{계약단위} \times \text{선물 듀레이션}}$$

  으로 나타낼 수 있다.
  예를 들어 시가 1,000만 달러이고 듀레이션이 2.5년인 채권 포트폴리오를 보유한 투자가가 향후 시장이자율 상승에 따른 채권가격의 변동위험을 헤지하고자 할 경우, 선물 기초자산의 듀레이션이 5년이고 T-Note의 계약단위는 10만 달러라고 가정하면 T-Note 선물거래를 이용할 경우 헤지비율은 다음과 같이 산출이 가능하다.

$$\text{헤지비율} = \text{선물계약수} = \frac{\text{현물수량} \times \text{단위 현물가격 변동액}}{\text{계약단위} \times \text{단위 선물가격 변동액}}$$

$$= \frac{\text{현물수량} \times \text{현물 듀레이션}}{\text{계약단위} \times \text{선물 듀레이션}}$$

$$= \frac{\text{1,000만 달러} \times \text{2.5년}}{\text{10만 달러} \times \text{5년}}$$

$$= \text{50계약}$$

1.3 금리옵션을 이용한 국제채권시장 리스크 관리

◆ **금리옵션의 의의 : 금리옵션은 금리에 의하여 가격이 결정되는 금융자산을 일정기간 후 또는 그 이전에 사전에 약정된 가격으로 매입 또는 매도할 수 있는 선택권(option)을 옵션 매입자에게 부여하는 계약을 말한다.**

- 옵션계약은 미래에 자산을 매입 또는 매도하는 내용을 포함하고 있기 때문에 선물환 매입 또는 선물환 매도의 성격을 갖고 있다.

그러나 선물환 매매는 반드시 약정한 매입 또는 매도를 해야 하는 반면, 옵션은 옵션 매수자, 즉 매매의 선택권을 가진 자가 유리한 경우에만 선택권을 행사하여 특정자산의 매매를 요청하고 옵션매도자은 이에 응하는 점이 다르다.
따라서 유리한 선택권을 가진 옵션 매수자는 옵션 매수자의 옵션 행사에 따라 매매의 의무를 지는 불리한 입장에서 리스크를 부담하는 옵션 매도자에게 리스크 보상 차원 옵션 프리미엄을 지불한다.

- 현대적인 의미의 옵션거래는 1973년에 시카고상품거래소(Chicago Board of Trader : CBT)내에 시카고옵션거래소(Chicago Board Options Exchange : CBOE)를 개설함으로써 도입되었다.

◆ 금리옵션의 종류

- 기초자산의 차이 : 금리옵션은 Libor 등 현물금리를 기초자산으로 하는 옵션과 T-Bonds, T-Notes 및 유로달러 등에 대한 금리선물을 기초자산으로 하는 옵션으로 구분된다.
금리선물을 기초자산으로 하는 금리옵션이 낮은 거래비용 및 청산·결제의 용이성 등으로 현물금리를 기초자산으로 하는 옵션보다 더 활발하게 거래되고 있다.

- 콜옵션과 풋옵션 : 콜옵션은 기초자산을 일정기간 또는 그 이전에 정해진 가격(행사가격, strike price)으로 매입할 수 있는 권리를 말하며, 풋옵션은 이를 매도할 수 있는 권리를 말한다.
- 아메리칸 옵션과 유러피언 옵션 : 아메리칸 옵션은 옵션 매입자가 만기일 이내에 언제든지 옵션을 행사할 수 있으나, 유러피언 옵션은 만기일에만 옵션행사가 가능하다. 현재 전세계 거래소 옵션시장에서는 아메리칸 옵션이 주로 거래되고 있다.
- 장내 옵션과 장외 옵션
    - 장내 옵션 : 장내 옵션은 거래소에 상장되어 있는 표준화된 옵션상품을 말한다. 거래소는 옵션거래에 필요한 물적 장소를 제공하고 거래계약의 조건 및 내용 등을 규정함으로써 거래의 표준화를 도모하는 한편 유동성 증대 기능도 수행한다.
    - 장외 옵션 : 장외 옵션은 거래소 외에서 계약 당사자들이 거래의 조건, 규모, 방식 등을 자유로이 정하는 옵션을 말한다. 장외 옵션은 거래소가 제공하는 결제 및 청산 담보 기능이 없어서 신용리스크에 노출되어 있기 때문에 거래 참가자가 높은 신용도를 가진 기관들로 제한된다.

◆ 금리옵션을 이용한 리스크 관리

■ 금리 하락이 예상될 경우 : 콜옵션 매입

- 금리 하락이 예상될 경우 이는 곧 금리선물의 가격 상승이 예상된다는 것이다. 따라서 콜옵션을 매입한 후 실제로 금리가 하락하여 금리선물의 가격이 상승하면 콜옵션 행사로 이익을 얻을 수 있고 실제로 금리가 상승하면 옵션을 행사하지 않으면 된다.

  예를 들어 유로달러 금리를 기초자산(명목금액 백만 달러)으로 하고 행사가격 5%, 만기 1개월, 옵션프리미엄이 천 달러(명목금액 대비 0.1%)인 콜옵션을 매입한 후, 만기에 실제로 유로달러 금리가 4.8%로 하락했다고 가정하자. 이 경우 콜옵션을 행사하여 금리선물을 5%의 가격으로 매입하고 이를 시장에서 더 비싸진 4.8%의 가격으로 매도하여 그 차이에서 0.1%의 옵션 프리미엄을 차감한 만큼 이익을 얻을 수 있다.

  옵션 행사 이익=\$1,000,000×(5%−4.8%−0.1%)

  =\$1,000이 된다.

- 플로어(floor)를 통해 손실을 제한할 수 있다. 플로어란 변동금리가 금리하한 아래로 내려가면 금리차이를 수취하는 옵션계약이다.

  변동금리 상품 투자가는 금리하락 폭이 크면 수익이 크게 줄어들어 손실이 발생한다. 이 경우 플로어 계약을 하면 금리가 크게 하락할 경우 금리하한보다 더 크게 하락한 금리 부분을 만회함으로써 손실 폭을 줄일 수 있다.

■ 금리 상승이 예상될 경우 : 풋옵션 매입

- 금리 상승이 예상될 경우 이는 곧 금리선물의 가격 하락이 예상된다는 것이다. 따라서 풋옵션을 매입한 후 실제로 금리가 상승하여 금리선물의 가격이 하락하면 풋옵션의 행사로 이익을 얻을 수 있고 실제로 금리가 하락하면 옵션을 행사하지 않으면 된다.

  예를 들어 유로달러 금리를 기초자산(명목금액 백만 달러)으로 하고 행사가격 5%, 만기 1개월, 옵션프리미엄이 천 달러(명목금액 대비 0.1%)인 콜옵션을 매입한 후, 만기에 실제로 유로달러 금리가 5.2%로 상승했다고 가정하자. 이 경우 풋옵션을 행사하여 금리선물을 5%의 가격으로 매도하고 이를 시장에서 더 싸진 5.2%의 가격으로 매수하여 그 차이에서 0.1%의 옵션 프리미엄을 차감한 만큼 이익을 얻을 수 있다.

  옵션 행사 이익 = \$1,000,000 × (5.2% − 5.0% − 0.1%)
  = \$1,000이 된다.

- 캡(cap)을 통해 손실을 제한할 수 있다. 캡이란 변동금리가 금리상한 위로 상승하면 금리차이를 수취하는 옵션계약이다.

  변동금리채권 발행자는 금리상승 폭이 크면 이자지급 비

용이 크게 증가하여 손실이 발생한다. 이 경우 캡 계약을 하면 금리가 크게 상승할 경우 금리상한보다 더 크게 상승한 금리 부분을 만회함으로써 손실 폭을 줄일 수 있다.

1.4 금리스왑을 이용한 국제채권시장 리스크 관리

◆ **금리스왑의 의의 : 금리스왑은 계약기간 중 두 당사자간에 사전에 약정된 방법으로 상이한 기준에 의하여 계산된 현금흐름, 이자를 정기적으로 교환하는 금융거래이다.**

- 역사적으로 금리스왑 거래는 통화스왑 거래를 동일 통화 명목원금에 적용함으로써 만들어졌다.
- 금리스왑 계약은 기본적으로 점두거래이기 때문에 계약조건을 자유롭게 변경할 수 있는 장점이 있으나, 거래상대방의 파산 등에 따른 신용위험이 있다. 금리스왑 계약기간 중 거래상대방이 파산 등으로 이자지급을 못할 경우 손실이 발생할 수 있기 때문이다.
  그러나 금리스왑은 명목원금의 교환 없이 명목원금에 대한 이자만 교환하기 때문에 명목원금에 대한 신용위험이 없어서 대출이나 채권매입 등 다른 금융상품에 비해서는 상대적으로 신용위험이 작은 편이다.

◆ **표준형 금리스왑 : 표준형 금리스왑**(plain vanilla interest rate swap)**은 계약기간 중 두 당사자간에 동일 통화의 명목원**

금에 대한 고정금리 이자와 변동금리 이자를 정기적으로 교환하는 금융거래이다. 그러나 실제 거래에서는 고정금리 이자와 변동금리 이자가 교환되기 보다는 양자의 차액만이 결제되는 것이 일반적이다.

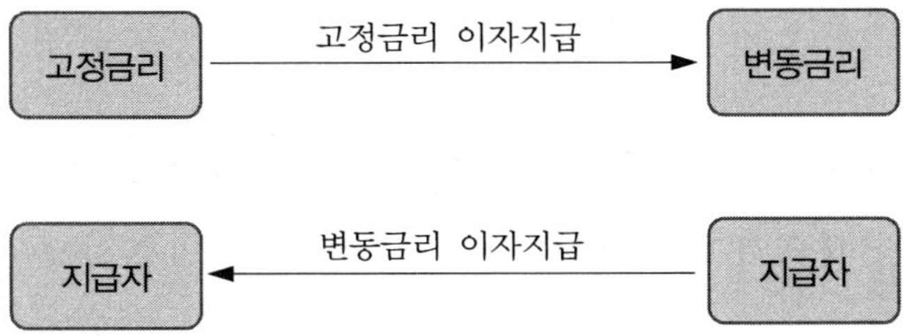

- buy a swap & sell a swap : 금리스왑은 고정금리[4] 이자와 변동금리[5] 이자를 교환하는 금융거래이다. 여기서 변동금리 이자율은 항상 변동하지만 고정금리 이자율은 정해져 있다. 따라서 스왑거래를 고정금리 기준으로 표시하는 것이 편리하며 이 고정금리를 swap rate라 부른다.

  이러한 관점에서 고정금리 기준으로 이자를 지급하

4) 고정금리(swap rate)는 유로달러 선물가격 및 거래상대방의 신용위험 등을 고려하여 결정된다.

5) 변동금리는 보통 Libor, T/bill, CP, CD, federal funds rate 등 단기금융시장 금리가 사용되며 이중 Libor가 가장 많이 사용된다.

는 경우(대가 지급) 스왑을 매입(buy a swap)한 것으로 표현하며, 매입하면 포지션이 long이 되므로 long a swap이라고도 표현한다.

반면에 고정금리 기준으로 이자를 수취하는 경우(대가 수취) 스왑을 매도(sell a swap)한 것으로 표현하며, 매도하면 포지션이 short이 되므로 short a swap이라고도 표현한다.

예를 들어 명목원금 5천만 달러에 대해 향후 5년간 A는 B에게 매6개월마다 연율 5%의 고정금리를 지급하고, B는 A에게 6개월 Libor를 지급하는 금리스왑 계약을 체결한 경우를 가정해 보자.

풀이

A가 B에게 6개월마다 지급해야 할 고정금리 이자는 \$50,000,000×5%×(1/2)로서 \$1,250,000이며, B가 A에게 6개월마다 지급해야 할 변동금리 이자는 \$50,000,000×Libor×(1/2)이다. 실제 이자지급일에는 양 이자금액의 차이, 즉 \$50,000,000×(Libor−5%)×(1/2)를 정산한다.

◆ 금리스왑을 이용한 리스크 관리

■ 금리 하락이 예상될 경우

- 변동금리 이자수입이 예정되어 있는 경우, 변동금리 지급 & 고정금리 수취(sell a swap or short a swap) : 금리 하락이

예상되면 변동금리 이자를 수취하는 경우 이자수입이 감소할 위험이 예상된다. 이 경우 변동금리를 지급하고 고정금리를 수취하는 금리스왑 계약을 체결하면 실제로 이자율이 하락할 경우 이자수입의 감소로 인한 손실을 상쇄할 수 있다.

■ 금리 상승이 예상될 경우

- 변동금리 이자지급이 예정되어 있는 경우, 변동금리 수취 & 고정금리 지급(buy a swap or long a swap) : 금리 상승이 예상되면 변동금리 이자를 지급하는 경우 이자지급이 증가할 위험이 예상된다. 이 경우 변동금리를 수취하고 고정금리를 지급하는 금리스왑 계약을 체결하면 실제로 이자율이 상승할 경우 이자지급의 증가로 인한 손실을 상쇄할 수 있다.

◆ 금리스왑을 이용한 이익 추구

■ 금리 하락이 예상될 경우

- 금리 하락이 예상될 경우 더욱 낮아질 것으로 예상되는 변동금리 이자를 지급하고 고정금리 이자를 수취하는 금리스왑 계약을 통해 (고정금리－변동금리) 만큼의 이익을 추구하는 투자전략이 가능하다.

  실제로 변동금리가 예상대로 하락하면 (고정금리－변동금리) 만큼의 이익을 얻을 수 있지만 예상외로 변동금리가 상승하면 오히려 (고정금리－변동금리) 만큼의 손실을 입는다. 변동금리의 방향을 어느 정도 확신을 가지고 예측할 수 있는지가 투자 의사결정의 관건이다.

■ 금리 상승이 예상될 경우

- 금리 상승이 예상될 경우 더욱 높아질 것으로 예상되는 변동금리 이자를 수취하고 고정금리 이자를 지급하는 금리스왑 계약을 통해 (변동금리－고정금리) 만큼의 이익을 추구하는 투자전략이 가능하다.
  실제로 변동금리가 예상대로 상승하면 (변동금리－고정금리) 만큼의 이익을 얻을 수 있지만 예상외로 변동금리가 하락하면 오히려 (변동금리－고정금리) 만큼의 손실을 입는다. 변동금리의 방향을 어느 정도 확신을 가지고 예측할 수 있는지가 투자 의사결정의 관건이다.

2. 신용리스크 관리

2.1 신용리스크 관리의 의의

◆ **국제금융시장에서의 신용리스크란 보유자산의 가치가 발행기관의 신용도 하락이나 부도 등으로 감소하여 손실을 입을 가능성을 말한다. 이러한 신용리스크를 관리하는 방안으로 신용파생상품을 활용하는 방안이 대표적이다.**

2.2 신용파생상품을 이용한 국제금융시장 신용리스크 관리

◆ **신용파생상품의 의의 : 신용파생상품은 대출채권, 회사채 등에 내재되어 있는 신용위험을 기초로 하여 현금흐름이 결정되는 파생상품이다.**

신용파생상품은 글로벌 금융시장에서 회사채 발행이 급증하면서 회사채 보유에 따른 신용위험을 제거하기 위해 고안되었으며 대표적인 신용파생상품으로 Credit Default Swap과 Total Return Swap을 설명한다.

◆ **Credit Default Swap을 이용한 신용위험 관리**

- Credit Default Swap(CDS)의 의의 : CDS는 신용위험 발생시 원금 보장이 핵심이다.
  - 보장매입자(protection buyer)는 회사채 등 보유자산의 가치가 발행자의 부도위험 증가 등으로 하락할 경우에도 보장매도자(protection seller)로부터 원금을 보장받는다.
    보장받는 방법은 손실액을 보장받거나 또는 채권을 인도하고 액면금액을 지급받는 방법이 있다.
    물론, 위와 같은 보장을 받기 때문에 이에 대한 대가로 수수료를 지불해야 하며 이것이 CDS premium이다.

CDS 구조

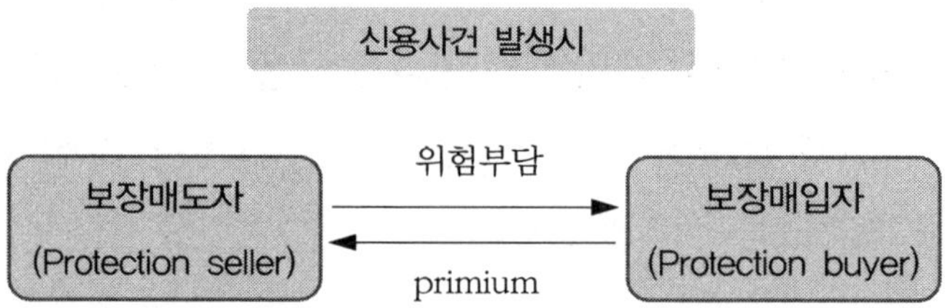

자료 : 한국은행 외화자금국, 국제채권시장의 이해, p 641

■ Credit Default Swap(CDS) 거래의 손익

- 신용사건이 발생하는 경우

① 보장매입자(protection buyer) : 보장매입자는 신용사건이 발생하는 경우 이로 인한 자산가치의 하락분을 보장매도자로부터 수취하는 이익이 발생하며 이 경우 비용은 수수료인 CDS 프리미엄이다.
따라서 신용사건이 발생할 경우 보장매입자의 총손익은 자산가치 하락분에서 CDS 프리미엄을 차감한 금액이다.

② 보장매도자(protection seller) : 보장매도자는 신용사건이 발생하는 경우 이로 인한 자산가치의 하락분을 보장매입자에게 지급하는 손실이 발생하며 이 경우 수익은 수수료인 CDS 프리미엄이다.
따라서 신용사건이 발생할 경우 보장매도자의 총손익은 CDS 프리미엄에서 자산가치 하락분을 차감한 금액

이다.

• 신용사건이 발생하지 않는 경우

① 보장매입자(protection buyer) : 보장매입자는 신용사건이 발생하지 않는 경우 보장매도자로 수취하는 금액이 없고 다만 수수료인 CDS 프리미엄만 비용으로 지급한다.

② 보장매도자(protection seller) : 보장매도자는 신용사건이 발생하지 않는 경우 보장매입자에게 지급할 금액이 없으며 보장매입자로부터 수취하는 수수료인 CDS 프리미엄 수익만 발생한다.

◆ Total Return Swap을 이용한 신용위험 관리

■ Total Return Swap(TRS)의 의의 : TRS는 일정한 약정이자 보장이 핵심이다.

• 보장매입자(protection buyer)는 회사채 등 보유자산으로부터 발생하는 이자수입과 자산가치의 변동분을 포함한 총수익을 보장매도자에게 지급하는 대신 보장매도자로부터 일정한 약정금리(예 : Libor+ α)를 수취한다.

TRS 구조

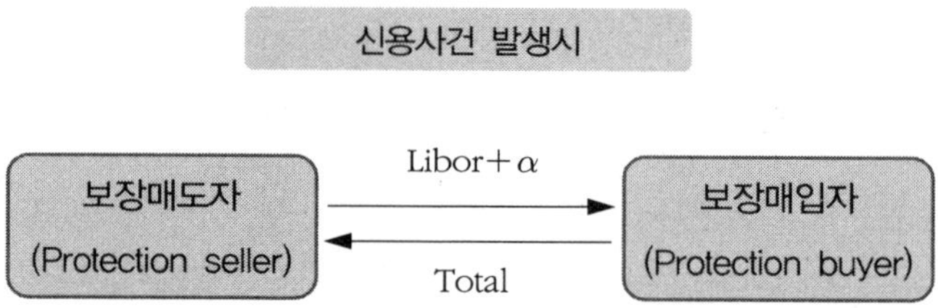

자료 : 한국은행 외화자금국, 국제채권시장의 이해, p 645

■ Total Return Swap(TRS) 거래의 손익

- 신용사건의 발생 등으로 자산가치가 하락하는 경우 : 보장매입자(protection buyer)는 신용사건 발생 등으로 인한 자산가치의 하락분(이 경우 신용사건 발생으로 인한 회사채의 가치하락으로 손실 발생)과 회사채의 쿠폰이자를 보장매도자에게 지급하고, 보장매도자로부터 미리 약정한 일정금리를 수취한다.

  예를 들어 약정금리가 Libor(5.5%)+0.25%, 채권의 쿠폰이자율이 연 7.5%(매 6개월마다 지급), 6개월 약정기간 채권의 가치가 2% 하락한 경우, 보장매입자는 채권가치 하락분 −2.0%와 채권의 쿠폰이자 6개월분 7.5÷2=3.75%의 합, 즉 3.75−2.0=1.75%를 보장매도자에게 지급하고 약정금리 (5.5%+0.25%)÷2=2.875%를 수취한다.
- 신용사건이 발생하지 않고 자산가치가 상승하는 경우 : 보장매입자(protection buyer)는 자산가치의 상승분과 회사

채의 쿠폰이자를 보장매도자에게 지급하고, 보장매도자로부터는 미리 약정한 일정금리를 수취한다.

예를 들어 약정금리가 Libor(5.5%)+0.25%, 채권의 쿠폰이자율이 연 7.5%(매 6개월마다 지급), 6개월 약정기간 채권의 가치가 2% 상승한 경우, 보장매입자는 채권가치 상승분 2.0%와 채권의 쿠폰이자 6개월분 7.5÷2=3.75%의 합, 즉 3.75+2.0=5.75%를 보장매도자에게 지급하고 약정금리 (5.5%+0.25%)÷2=2.875%를 수취한다.

⇒ TRS 보장매입자는 TRS계약을 통해 항상 이익을 얻는 것이 목적이 아니라 일정한 약정금리(위의 예의 경우, Libor+α=5.5%+0.25%=5.75%, 연율 기준)로 수익을 확정짓는 것이 목적이다.

따라서 자산가치가 하락하는 경우 TRS 계약을 통해 손실을 보상받기 때문에 이익이 발생하지만 자산가치가 상승하는 경우에는 이 가치 상승분을 보장매도자에게 지급함으로써 오히려 손실이 발생하는 양면성이 있다.

제14주

국제금융시장 동향 분석 및 전망

1. 국제금융시장 동향 분석

1.1 국제금융시장 동향 분석의 범위

◆ **국제금융시장 동향 분석을 할 때에는 (제10주)에서 학습한 국제금융시장 분석지표의 데이터를 수집하여 시장별로 분석한 후 이를 종합한 요약을 맨 앞에 배치하는 것이 좋다.**

- 시장별 분석을 할 때에 금리 동향, 주가 동향 및 환율 동향은 필수적이며 이외에 보고서의 특성에 따라 기타 동향을 추가하면 된다. 통상적으로 국제유가와 금값 동향을 중심으로 한 상품시장 동향을 포함시킨다.

1.2 국제금융시장 동향 분석의 예시

◆ **금리동향 분석**

- 금리동향 분석의 범위 : 금리동향 분석에서 가장 중요한 것이 미국 국채금리 동향이다. 미국 국채금리의 움직임이 있으면 주요국 금리도 이에 반응하여 변동하는 경우가 많기 때문이다. 미국 국채금리 외에 중요한 금리로는 유럽의 금리이며 독일과 영국의 국채금리가 중요하다.

- 미국 금리 : 미국 금리 중에는 2년 만기 국채금리와 10년 만기 국채금리가 중요하게 인식된다. 2년 만기 국채금리는 미 연준 정책금리에 민감하게 반응하는 금리라는 이유에서 중요하게 관찰되며, 10년 만기 국채금리는 미국 기업들의 장기투자에 영향을 미치는 금리라는 측면에서 중요하다.

  금리 외에 금리 스프레드 또한 중요하다. 금리 스프레드가 확대되면 시장에서 위험성이 높은 채권의 매도가 증가하여 이들 채권의 금리 상승 폭이 위험성이 낮은 미국 국채금리보다 크다는 의미이기 때문이다.

- 유럽 금리 : 유럽 금리 중에는 10년물 독일 국채금리와 10년물 영국 국채금리가 중요하다. 독일 국채금리는 유로화를 사용하는 국가들인 유로지역의 가장 대표적인 금리로서 중요하다. 영국 국채금리는 유로화를 사용하지 않는 국가로서 유로지역과 상황이 다를 수 있으며 대표적인 금융중심지인 런던의 상황을 반영한다는 점에서 중요하다.

  금리 외에 금리 스프레드 또한 중요하다. 이 경우에는 독일 국채금리와 유로지역 가운데 상대적으로 위험성이 큰 나라로 인식되는 국가들, 즉, 스페인, 이탈리아, 포르트갈, 그리스 국채금리와의 스프레드가 중요하게 관찰된다.

■ 금리동향 분석의 기술 방법 : 금리동향을 설명할 때에는 분석기간중 가장 중요한 요인을 부각시키되, 미국 국채금리 우선으로 설명하고 이후 유럽 금리를 설명하는 것이 좋다.

- 예를 들어 뉴욕시간 2020년 3월 3일의 경우에는 미 연준이 임시회의를 통해 정책금리를 0.5%p 전격적으로 인하한 것이 가장 중요한 요인이다. 이 금리인하는 미국 금리는 물론 세계 주요국의 금리에 연쇄적으로 영향을 미치기 때문이다.

  따라서 미 연준의 정책금리 인하 결정 및 그 관련 내용을 설명하고 그에 따른 금리동향을 설명하면 된다. 그리고 그와 관련한 사항중에서 보다 세부적으로 첨언할 중요한 사항이 있을 경우 주석을 달아서 첨부하면 독자들의 이해가 보다 쉬우질 것이다.

- 금리 설명 예시 :

  2020년 3월 3일 미 국채 금리(10년물)는 코로나19 확산 우려[1])가 커지는 가운데 전격적인 연준의 금리인하 발표[2])

---

1) 뉴욕州에서 추가 확진자가 발견되었으며 워싱턴 및 노스캐롤라이나州 등에서 사망자가 증가하였다는 소식이 전해지는 등 미국내 코로나19 확산 우려가 증대하고 있다.

2) 정책결정문에서 "코로나19가 경제활동에 미치는 위험이 점증하고 있어 이러한 리스크를 고려하고 연준의 양대책무 달성을 지원하기 위해 금리 인하를 결정하였다"고 발표하면서, 2008.10월 이후 처음으로 임시회의를 통해 정책금리 50bp 인하하였다.

및 Powell 의장의 기자회견[3])으로 크게 하락하였다.

영국 국채금리(10년물)는 장후반 미 연준의 정책금리 인하 등으로 2bp 하락 마감(런던 마감 기준)하였다.

국제 금리동향(예시)

		'19말	'20.2월말	3/2	3/3	전일비	전원말비	전년말비
미국채 금리 (%, %p)	Tsy, 2yr	1.57	1.31	0.90	0.70	−0.20	−0.21	−0.87
	10yr	1.92	1.51	1.16	1.00	−0.16	−0.15	−0.92
스프레드 (bp)	투자등급[1)]	97.3	109.3	129.1	133.1	4.0	5.4	35.8
	투기등급[1)]	393.2	445.8	528.5	537.4	8.9	4.3	144.2

주. 1): Bloomberg 회사채 composite index

		'19말	'20.2월말	3/2	3/3	전일비	전원말비	전년말비
독일금리	(10년물, %)	−0.19	−0.61	−0.62	−0.63	−0.01	−0.02	−0.44
스프레드	스 페 인	65.3	88.9	91.0	81.3	−9.7	−7.6	16.0
(10년물, bp)	이탈리아	159.7	170.9	176.0	161.4	−14.6	−9.5	1.7
	포르투갈	62.7	96.0	98.1	88.6	−9.5	−7.4	25.9
	그 리 스	165.3	193.9	207.1	185.5	−21.6	−8.4	20.2
영국금리	(10년물, %)	0.82	0.44	0.41	0.39	−0.02	−0.05	−0.43

---

3) "코로나19 사태 진전상황을 모니터링 해왔으며 미국내에서도 확산이 시작됨에 따라 지금이 정책대응에 나설 시점이라고 판단된다." "금리인하가 바이러스의 확산을 막거나 공급사슬을 회복시키는 것은 아니나 경제에 활력을 불어넣는 데 도움이 될 것으로 생각한다."

◆ 주가동향 분석

- 주가동향 분석의 범위 : 주가동향 분석에서 가장 중요한 것이 미국 DJIA와 S&P500이다. 미국 주가의 움직임이 있으면 대부분의 경우 주요국 주가도 이와 같은 방향으로 움직이기 때문이다.
- 주가동향 분석의 기술 방법 : 주가동향을 설명할 때에도 금리동향 분석결과 설명과 마찬가지로 가장 중요한 요인을 중심으로 그 영향을 설명하면 된다.
  이 경우 가장 중요한 요인을 제시한 후의 시장 반응이 통상적으로 생각하는 방향과 다를 경우 그 원인을 찾아서 설명해야 독자들이 그 분석을 수긍할 수 있다. 예를 들어, 뉴욕시간 2020년 3월 3일의 경우처럼 미 연준이 임시회의를 통해 정책금리를 0.5%p 전격적으로 인하한 후에 미국의 주가가 크게 하락하였다면 이는 통상적인 방향과 다르다. 따라서 이에 대한 설명이 필요하다.
  - 주가 설명 예시 :
    2020년 3월 3일 미국주가(Dow 지수)는 연준의 금리인하에도 불구하고 코로나19 확산에 따른 경기둔화 우려[4] 부각

4) 미 연준의 전격적인 대폭의 정책금리 인하는 기업의 투자비용 감소와 투자촉진 요인으로서 주가 상승요인이다. 그런데 주가가 크게 하락했다는 것은 시장참가자들이 미 연준의 정책금리 인하에 부정적으로 반응했다는 것이므

등으로 대폭 하락하였다.

시장참가자들은 경제현상에 대해 항상 같은 방향으로 반응하지 않는다. 그 예가 (제2주)에서 학습한 The Great Rotation이다.

주가동향(예시)

	'19말	'20.2월말	3/2	3/3	전일비	전원말비	전년말비
DJIA	28,538.4	25,409.4	26,703.3	25,917.4	−785.9	5.8.0	−2,621.0
S&P500	3,230.8	2,954.2	3,090.2	3,003.4	−86.9	49.2	−227.4

◆ 환율동향 분석

■ 환율동향 분석의 범위 : 환율동향 분석에서 가장 중요한 것이 Dollar Index이다. Dollar Index가 상승하면 달러화의 강세, 하락하면 달러화의 약세임을 (제2주)에서 이미 학습하였다. 개별국가간 환율 중에는 달러/유로, 엔/달러, 달러/파운드, 그리고 원/달러 환율이 주로 분석된다.

로 그 부정적인 요인을 찾아서 설명해야 한다. 시장참가자들이 미 연준의 전격적인 금리인하에 대해 "코로나19 확산에 따른 경기둔화 우려가 얼마나 심각하면 연준이 이렇게 예외적으로 금리를 대폭 인하해야 했을까?"라는 의문을 제기한 것으로 설명하면 독자들이 이해할 수 있을 것이다.

- 환율동향 분석의 기술 방법 : 환율동향을 설명할 때에도 가장 중요한 요인을 중심으로 우선 Dollar Index의 동향을 먼저 설명한다. Dollar Index는 그 상승 또는 하락을 통해 달러화가 세계 주요국 통화에 대해 강세인지 또는 약세인지를 보여주기 때문에 세계 외환시장의 동향을 크게 이해하는 데 있어서 가장 중요하다. 개별국가간 환율은 분석기간중 가장 중요한 환율을 중심으로 설명하면 된다. 물론 우리나라의 경우에는 원/달러 환율을 반드시 설명하고 우리나라에 크게 영향을 미치는 환율을 그 때 그 때 상황에 따라서 설명하면 될 것이다.

  • 환율 설명 예시 :

    2020년 3월 3일 미 달러화는 미 연준의 긴급 금리 인하 및 추가 인하 기대 등으로 약세를 시현하였으며(Dollar Index, DXY지수 하락, 97.36 → 97.18), 원화는 달러화 약세 영향 등으로 강세를 보였다.(원/달러 NDF[5])환율 하락, 1,189.3 → 1,186.2)

---

5) 이 경우는 2020.3.3. 미국 뉴욕시장의 외환시장 동향을 설명하기 때문에 뉴욕에서 거래되는 원/달러 NDF 환율 동향을 설명한 것이다.

환률동향(예시)

	'19말	'20.2월말	3/2	3/3	전일비	전원말비	전년말비
Dollar Index	96.39	98.13	97.36	97.18	−0.18	−0.95	0.80
USD/EUR	1.1213	1.1026	1.1134	1.1173	0.0039	0.0147	−0.0040
JPY/USD	108.61	107.89	108.33	107.13	−1.20	−0.76	−1.48
USD/GEP	1.3257	1.2823	1.2754	1.2811	0.0057	−0.0012	−0.0446
NDF,KRW/USD	1,154.8	1,200.0	1,189.3	1,186.2	−3.1	−13.8	31.4

◆ 상품시장 동향

- 상품시장 동향 분석의 범위 : 상품시장 동향 분석에서 가장 중요한 것으로는 국제유가와 금값을 들 수 있다. 유가 중에서는 서부텍사스산 원유(WTI) 유가를 배럴당 달러로 표시된다. 금값은 온즈당 달러로 표시된다.
- 상품시장 동향 분석의 기술 방법 : 상품시장 동향을 설명할 때에도 가장 중요한 요인을 중심으로 유가와 금값의 동향을 설명한다. 그런데 유가와 금값은 위에 국제금융시장 분석에서 가장 중요하게 생각되는 요인들과 직접적인 연관성 보다는 다른 변수들과의 연결 관계를 통해 그 상승 또는 하락이 결정되는 경우가 많으므로 그 연결 관계를 찾아서 분석해야 한다.

- 상품가격 동향 설명 예시 :

  2020년 3월 3일 국제유가(WTI선물)는 OPEC+의 감산 기대[6] 등으로 상승하고, 금가격은 연준의 전격적인 금리인하 결정[7] 등으로 큰 폭으로 상승하였다.

상품가격 동향(예시)

	'19말	'20.2월말	3/2	3/3	전일비	전원말비	전년말비
WTI[1] U$/bbl	61.06	44.76	46.75	47.22	0.47	2.46	−13.84
Gold[2] U$/oz	1,517.3	1,585.7	1,589.4	1,640.9	51.5	55.2	123.6

주: 1) 선물가격지수(최근원물), 2) 현물가격

1.3 국제금융시장 동향의 상호관계

◆ **국제금융시장 동향 상호관계의 의미 : 앞에서 국제금융시장 동향을 크게 4개의 시장으로 나누어 그 각각의 시장동향을 살펴보았다. 그런데 각 금융시장은 다른 금융시장과 밀접한 상호관계에 있으며 이를 파악하면 국제금융시장을 전반적으로 이해하는 데 도움이 된다.**

---

6) OPEC+가 원유 생산량을 줄이면 원유의 공급량이 수요량에 비해 상대적으로 부족해지므로 유가는 상승하게 된다.

7) 미 연준의 전격적인 금리인하 결정으로 달러화가 약세가 되면 안전자산으로서의 달러화 수요가 감소하게 된다. 이 경우 달러화를 대신해서 다른 안전자산을 찾게 되는데 금이 대표적인 안전자산이므로 달러화의 약세는 금값의 상승요인이 된다.

■ 채권시장과 주식시장의 상호관계 : 채권시장지표와 주식시장지표는 일반적으로 반대방향으로 움직이는 경우가 많으며 그 이유는 아래와 같다.

- 고정수입 여부 : 채권은 대부분의 경우 쿠폰이자율이 정해져 있고 만기까지 시장이자율의 변동과 무관하에 이 쿠폰이자율로 매기간에 이자수입이 유입된다. 따라서 채권은 이자수입이 고정되어 있는 이유로 fixed income asset으로 불리고 있으며 안전자산의 하나로 분류된다.
  그러나 주식은 매기 기업의 실적에 따라 배당률이 달라지기 때문에 경기가 나빠지고 기업실적이 부진하면 배당을 못 받을 수도 있다. 주식이 위험자산으로 분류되는 이유이다. 따라서 경기가 나빠지면 고정수입이 보장되는 채권에 대한 투자가의 선호도가 주식에 비해 높아진다.
- 가치변동 가능성 : 채권의 가치는 향후 예상되는 미래 현금흐름을 현재의 시장이자율로 할인하여 결정된다. 따라서 경제상황이 악화되어 시장이자율이 하락하면 보유채권의 현재가치가 상승하게 된다. 향후 시장이자율의 하락이 예상되면 채권의 가치 상승이 예상된다는 의미이다. 그러나 주식의 경우 시장이자율의 하락이 기업의 차입비용 감소로 인한 긍정적인 효과를 기대할 수 있는 측면도 있으나 경기부진에 따른 중앙은행의 정책금리 인하로 인해 시장이자율 하락이 예상되는 경우에는 경기부진의 부정적 요인이 더욱 중요하게 부각[8]될 수 있다.

⇒ 경제상황이 악화되거나 금융시장의 불안정성이 증가하면 향후 이자율의 하락이 예상되기 때문에 위험자산인 주식보다 안전자산인 채권의 선호도가 증가한다. 따라서 시장참가자들이 주식을 매도하고 채권을 매수함에 따라 주가는 하락하고 채권가치는 상승하게 되어 시장금리는 더욱 하락하게 된다. 따라서 주가가 하락할 때 시장금리도 하락하여 두 지표가 같은 방향[9]으로 움직이는 경우가 많다.

■ 주식시장과 외환시장의 상호관계 : 주식시장지표인 주가와 외환시장지표인 환율과의 상호관계는 환율의 분모에 위치하는 통화와 분자에 위치하는 통화의 경우 그 방향이 반대이기 때문에 우리나라 주가와 원/달러 환율을 기준으로 설명한다.

• 위험자산 성격의 공통성 : 주식은 위험자산으로 분류되며 한국 주식은 미국 등 선진국 주식에 비해 위험자산으로

---

8) 2020.3.3. 미 연준의 전격적인 대폭 금리인하가 "미국 경제가 얼마나 부진하면 미 연준이 이렇게 전격적으로 대폭의 금리인하를 하지 않을 수 없었을까?" 라고 부정적으로 해석되어 미국 주가가 오히려 하락한 사례가 있었다.

9) 물론 예외적인 경우도 상상할 수 있다. 특정국가의 채무위기 또는 외환위기 등으로 특정국가 자산에 대한 수요가 감소하고 이들 자산의 매도가 급격히 증가하는 경우를 가정해 보자. 이 경우는 이 나라의 주식 매도에 따른 주가 하락과 동시에 이 나라 채권도 매도되어 채권가치의 하락, 즉, 채권금리의 상승이 발생할 수 있다. 주가하락과 시장이자율의 상승이 반대방향으로 나타날 수도 있다.

분류된다. 따라서 경제상황이 호전되거나 국제금융시장의 불안정성이 완화되면 한국 주식에 대한 수요 증가로 한국 주가가 상승한다.

그런데 원화는 달러화가 안전통화로 분류되는 것과 반대로 위험통화로 분류된다. 그러니까 경제상황이 호전되거나 국제금융시장의 불안정성이 완화되면 원화에 대한 수요 증가로 원/달러 환율이 하락한다.

따라서 일반적으로 한국주가의 상승과 원/달러 환율의 하락이 반대방향으로 나타나는 경우가 많다. 실제로 한국주가와 원/달러 환율간의 상관계수를 구해보면 (−) 값을 가지면서 그 수치가 상당히 크게 나오는 경우가 많다.

- 외환시장과 상품시장의 상호관계 : 외환시장의 대표적인 변수로서 달러화와 상품시장의 금값 그리고 달러화와 유가의 관계를 살펴보자.
  - 달러화와 금값 : 달러와 금은 모두 안전자산이다. 달러화의 수요가 증가하는 사유가 발생하면 상대적으로 금의 수요가 감소하여 달러화 강세와 금값 하락이 발생한다. 따라서 달러화와 금값의 동향은 반대방향으로 움직이는 경우가 많다. 그러나 국제금융시장의 불안정성 증가로 시장참가자들의 안전자산에 대한 수요가 무차별적으로 증가하는 경우에는 두 자산의 가격이 같이 상승할 수도 있다. 시장 상황에 따라 신축적인 사고가 필요하다.
  - 달러화와 유가 : 달러화는 원유의 결제통화이다. 물론 원

유의 결제에 유로화와 다른 통화들도 사용되지만 원유의 결제통화 가운데 달러화의 결제비중이 가장 높다. 따라서 원유의 결제수요가 증가하면 달러화가 강세가 되고 원유의 결제수요가 감소하면 달러화가 약세가 된다.

그런데 달러화와 원유의 관계가 세계경제 상황과도 연계되어 있다. 세계경제 호조가 예상되면 원유의 수요증가가 예상되고 이는 원유 결제에 필요한 달러화의 수요증가로 달러화의 강세요인이다. 반면에, 세계경제 호조가 예상되면 미국보다 빠른 경제성장이 예상되는 국가들의 자산에 대한 수요증가가 예상되고 이들 자산을 매입하기 위한 이들 통화의 수요증가로 인해 달러화의 약세요인이 발생한다. 이 두 가지 측면을 함께 고려해야 한다.

2. 국제금융시장 전망 및 포트폴리오 수정

2.1 국제금융시장 전망

◆ **장기적 요인과 단기적 요인의 구분 : 향후 국제금융시장의 방향에 영향을 미칠 요인들을 장기적으로 영향을 미칠 요인과 단기적으로 영향을 미칠 요인으로 구분한다.**

- 장기 요인 : 국제금융시장 동향에 장기적으로 영향을 미칠 요인으로는 주로 정치적 요인을 들 수 있으며

그 예로 아래와 같은 사례가 있다.

- 주요국간 합의 : 플라자 합의(Plaza Accord)처럼 주요국이 특정통화의 가치절상 또는 절하에 합의하게 되면 그 영향이 장기간 지속된다. 최근의 경제상황에 비추어 살펴보면, 예를 들어 미국이 중국에 관세를 부과하는 목적이 중국으로부터의 무역적자를 줄이려는 것이기 때문에 미국은 중국 위안화 가치가 크게 하락하는 것을 원하지 않는다. 반면 중국은 미국의 관세부과로 인한 수출경쟁력 약화를 극복하기 위해 위안화의 약세가 필요하다. 이러한 양국의 관계를 잘 해석해서 위안화의 환율을 전망해야 할 것이다.
- America First : 트럼프가 미국의 대통령으로 당선된 후 "America First"를 외쳤다. 이후 미 달러화는 강세로 돌아섰다. 트럼프의 미국 우선주의로 미국 경제의 성장세가 개선될 것이라는 기대 하에 미국 주가가 상승하고 미국으로의 자본 유입으로 달러화 가치가 상승한 것이다. 따라서 트럼프의 "America First" 외침은 장기적으로 미국 달러화의 강세요인이다.

  그런데 "America First" 주장은 반대로 달러화가 지나치게 강세로 가지 않는다는 것을 의미한다. 달러와의 가치가 크게 상승하면 대외경쟁력의 하락으로 미국의 무역수지 적자폭이 커질 것이고 이는 곧 미국 내에서의 생산과 고용의 저하를 의미하기 때문이다. 신축적인 해석이 필요한 대목이다.

- Abenomics : 만일 어느 나라가 일본의 Abenomics처럼 국제통화의 공급을 무제한 늘리는 결정을 발표하면 그 통화의 가치는 장기적으로 하락추세를 보일 것이다. 통화량의 공급이 늘어나면 그 통화의 가치가 하락하는 것은 수요와 공급의 법칙상 당연한 것이다. 또한 위와 같은 결정이 국제금융시장에서 "이 나라의 경제상황이 얼마나 심각하면 통화량을 무제한 늘리는 정책을 발표하겠는가?" 라고 해석되면 국제 투자자들이 이 나라 자산을 매도하고 투자대금을 역송금 함에 따라 이 나라 통화의 가치가 급격히 하락할 가능성도 있다.

■ 단기 요인 : 중앙은행의 정책금리 결정이나 대부분의 경제지표는 발표된 후 다음 발표전까지 영향을 미친다.

- 중요한 것은 국제금융시장의 지표에는 이미 공개된 정보에 기초한 내용이 반영되어 있기 때문에 정책금리 결정이나 경제지표의 발표내용이 기존의 예상과 큰 차이가 없을 경우에는 시장지표가 크게 반응하지 않는다는 것이다.
- 국제금융시장의 지표들은 기존의 예상과 다른 새로운 정보에만 크게 반응한다는 점을 유념할 필요가 있다.

2.2 포트폴리오 수정

1) 금리 상승이 예상되는 경우

◆ **시장 이자율이 중앙은행 이자율 정책의 영향 등으로 상승이 예상되는 경우는 금리 상승이 1회에 그칠 경우와 금리 상승이 여러 차례 이루어질 것으로 예상되는 경우로 나누어 대응해야 할 것이다.**

- 시장 이자율이 한차례 상승한 후 당분간 더 이상 상승할 가능성이 크지 않은 것으로 가정하고 포트폴리오 운용전략에 대해 논의해 보자.
  - 신규 발행채권 매입 : 이 경우 새로 발행되는 이표채는 상승한 시장 이자율을 반영하여 현재보다 높은 이자율로 발행될 것이다. 또한 향후 추가 금리상승 기대가 크지 않으므로 시장 이자율이 발행금리보다 높아질 때 발생하는 자본손실 가능성도 크지 않다. 새로 발행되는 채권을 매입하면 자본손실의 기대 없이 더 높은 이자수입을 얻을 수 있으므로 이 채권을 매입하는 것이 유리하다
  - 기존 채권의 운용 전략 : 기존 채권의 경우 시장금리가 1회 상승할 경우 쿠폰이자 수입은 변동이 없는데 반해 채권의 시장가치 평가액은 감소하여 평가손[10]이 발생한다.

---

10) 다만 쿠폰 이자수입을 상승한 금리로 재투자함으로써 얻을 수 있는 재투자 수익의 증가와 채권의 시장가치 평가손을 비교해 볼 필요는 있다.

만일, 시장금리 상승이 예상되는 시기 즈음해서 이 채권을 매도해야 할 상황이 예상되면 이 채권을 미리 매도하여 손실을 줄일 필요가 있다.
그러나 이 채권을 장기보유할 계획이라면 이러한 일회적 금리상승에 민감하게 대응할 필요가 없다. 일시적으로 평가손이 발생하더라도 어느 정도 기간이 지나면 금리 하락으로 인해 다시 평가익이 발생할 수 있기 때문이다.

- 듀레이션 전략 : 시장금리가 1회 상승에 그칠 것으로 예상되는 경우는 그 후에 시장금리가 어느 수준에서 머물다가 다시 하락할 가능성이 있음을 의미한다. 듀레이션 축소 전략을 성급하게 추진할 필요까지는 없고 향후 금리 추이를 보아가며 결정하는 것이 좋을 것이다.
- 금리 1회 상승과 환율과의 관계 : 만일 금리의 1회 상승이 환율에 큰 영향을 못 미칠 것으로 예상되면 환포지션은 변동시킬 필요가 없다.
그러나 금리의 1회 상승이 이 나라 경제의 호전에 기인한 것으로 해석되어 이 나라 통화의 강세요인으로 작용할 것으로 예상되면 이 나라 통화표시의 자산매입을 늘리거나 환 포지션을 선물환 매수 또는 콜옵션 매입 등으로 확대하는 대응이 필요하다.
- 금리 1회 상승과 주가와의 관계 : 만일 금리의 1회 상승이 주가에 큰 영향을 못 미칠 것으로 예상되면 주식포지션은 변동시킬 필요가 없다.

그러나 금리의 1회 상승이 이 나라 경제의 호전에 기인한 것으로 해석되어 이 나라 주가의 상승요인으로 작용할 것으로 예상되면 이 나라 주식 매입을 늘리는 대응이 필요할 것이다.

반면에 금리의 1회 상승이 기업의 차입비용 증가 등으로 이 나라 주가의 하락요인으로 작용할 것으로 예상되면 이 나라 주식 보유를 줄이는 대응이 필요할 것이다.

■ 시장 이자율이 여러 차례 단계적으로 상승할 것으로 예상되는 경우 포트폴리오 운용전략에 대해 논의해 보자.

- 신규 발행채권 매입 : 이 경우 새로 발행되는 이표채는 상승한 시장 이자율을 반영하여 현재보다 높은 이자율로 발행될 것이다. 그러나 향후 추가적으로 금리가 상승하면 이 채권에는 평가손이 발생할 것이다. 따라서 신규채권의 매입여부를 결정할 때에는 쿠폰이자 수입의 증가와 평가손의 발생 가능성을 함께 감안해야 할 것이다.
- 기존 채권의 운용 전략 : 기존 채권의 경우 시장금리가 여러 차례 상승할 경우 쿠폰이자 수입은 변동이 없는데 반해 채권의 시장가치 평가액은 점점 크게 감소하여 평가손[11]이 발생한다.

---

11) 쿠폰 이자수입을 상승한 금리로 재투자함으로써 얻을 수 있는 재투자 수익의 증가와 채권의 시장가치 평가손을 비교해 볼 필요는 있다.

만일, 시장금리 상승이 예상되는 시기 즈음해서 이 채권을 매도해야 할 상황이 예상되면 이 채권을 미리 매도하여 손실을 줄일 필요가 있다.

- 듀레이션 전략 : 시장금리가 여러 차례 상승할 것으로 예상되는 경우는 듀레이션 감축 전략이 필요하다. 평가손이 클 것으로 예상되는 채권부터 매도하여 듀레이션을 줄여 나가는 전략을 취해야 할 것이다.
- 금리의 여러 차례 상승과 환율과의 관계 : 만일 금리의 여러 차례 상승으로 이 나라 통화의 강세가 예상되는 경우에는 이 나라 통화표시의 자산매입을 늘리거나 환 포지션을 선물환 매수 또는 콜옵션 매입 등으로 늘리는 대응이 필요하다.
- 금리의 여러 차례 상승과 주가와의 관계 : 만일 금리의 여러 차례 상승이 이 나라 경제의 호전에 기인한 것으로 해석되어 이 나라 주가의 상승요인으로 작용할 것으로 예상되면 이 나라 주식 매입을 늘리는 대응이 필요할 것이다.
  반면에 금리의 여러 차례 상승이 기업의 차입비용 증가 등으로 이 나라 주가의 하락요인으로 작용할 것으로 예상되면 이 나라 주식 보유를 줄이는 대응이 필요할 것이다.

2) 금리 하락이 예상되는 경우

◆ **시장 이자율이 중앙은행 이자율 정책의 영향 등으로 하락이 예상되는 경우는 금리 하락이 1회에 그칠 경우와 금리 하락이 여러 차례 이루어질 것으로 예상되는 경우로 나누어 대응해야 할 것이다.**

■ 시장 이자율이 한차례 하락한 후 당분간 더 이상 하락할 가능성이 크지 않은 것으로 가정하고 포트폴리오 운용전략에 대해 논의해 보자.

- 신규 발행채권 매입 : 이 경우 새로 발행되는 이표채는 하락한 시장 이자율을 반영하여 현재보다 낮은 자율로 발행될 것이다. 또한 향후 추가 금리하락 기대가 크지 않으므로 시장 이자율이 발행금리보다 낮아질 때 발생하는 자본이득의 가능성도 크지 않다. 새로 발행되는 채권을 매입하면 자본이득의 기대 없이 더 낮은 이자수입을 얻을 것이므로 이 채권을 매입하는 것은 추천하고 싶지 않다.
- 기존 채권의 운용 전략 : 기존 채권의 경우 시장금리가 1회 하락할 경우 쿠폰이자 수입은 변동이 없는데 반해 채권의 시장가치 평가액은 증가하여 평가익이 발생한다. 가능하면 이 채권을 보유하는 것이 유리하며 굳이 조기에 매도할 필요가 없다.
- 듀레이션 전략 : 시장금리가 1회 하락에 그칠 것으로 예상되는 경우는 그 후에 시장금리가 어느 수준에서 머물

다가 다시 상승할 가능성이 있음을 의미한다. 듀레이션 확대 전략을 성급하게 추진할 필요까지는 없고 향후 금리 추이를 보아가며 결정하는 것이 좋을 것이다.

- 금리 1회 하락과 환율과의 관계 : 만일 금리의 1회 하락이 환율에 큰 영향을 못 미칠 것으로 예상되면 환포지션은 변동시킬 필요가 없다.
  그러나 금리의 1회 하락이 이 나라 경제의 성장촉진을 통해 이 나라 통화의 강세요인으로 작용할 것으로 예상되면 이 나라 통화표시의 자산매입을 늘리거나 환 포지션을 선물환 매수 또는 콜옵션 매입 등으로 늘리는 대응이 필요하다.
  반면에 금리의 1회 하락이 이 나라 경제의 심각성을 나타내는 것으로 해석되어 이 나라 통화의 약세요인으로 작용할 것으로 예상되면 이 나라 통화표시의 자산보유를 줄이거나 환 포지션을 선물환 매도 또는 풋옵션 매입 등으로 감축할 필요가 있다.

- 금리 1회 하락과 주가와의 관계 : 만일 금리의 1회 하락이 주가에 큰 영향을 못 미칠 것으로 예상되면 주식포지션은 변동시킬 필요가 없다.
  그러나 금리의 1회 하락이 기업의 차입비용 절감과 경제성장촉진요인으로 해석되어 이 나라 주가의 상승요인으로 작용할 것으로 예상되면 이 나라 주식 매입을 늘리는 대응이 필요할 것이다.

반면에 금리의 1회 하락이 이 나라 경제의 심각성을 나타내는 것으로 해석되어 이 나라 주가의 하락요인으로 작용할 것으로 예상되면 이 나라 주식 보유를 줄이는 대응이 필요할 것이다.

■ 시장 이자율이 여러 차례 단계적으로 하락할 것으로 예상되는 경우 포트폴리오 운용전략에 대해 논의해 보자.

- 신규 발행채권 매입 : 이 경우 새로 발행되는 이표채는 점차 낮은 시장 이자율을 반영하여 현재보다 낮은 이자율로 발행될 것이다. 그러나 향후 추가적으로 금리가 하락하면 이 채권에는 평가익이 발생할 것이다. 따라서 신규채권의 매입여부를 결정할 때에는 쿠폰이자 수입의 감소와 평가익의 발생 가능성을 함께 감안해야 할 것이다.
- 기존 채권의 운용 전략 : 기존 채권의 경우 시장금리가 여러 차례 하락할 경우 쿠폰이자 수입은 변동이 없는데 반해 채권의 시장가치 평가액은 점점 크게 증가하여 평가익[12)]이 발생한다. 이 채권을 계속 보유하면서 평가익을 기대하면 되고 굳이 조기에 매도할 필요가 없다.
- 듀레이션 전략 : 시장금리가 여러 차례 하락할 것으로 예상되는 경우는 듀레이션 확대 전략을 추천한다. 평가익

12) 쿠폰 이자수입을 하락한 금리로 재투자함으로써 얻을 수 있는 재투자 수익의 감소와 채권의 시장가치 평가익을 비교해 볼 필요는 있다.

이 클 것으로 예상되는 채권부터 매입하여 듀레이션을 늘려 나가는 전략을 취해야 할 것이다.

- 컨벡시티 전략 : 시장금리가 여러 차례 하락할 것으로 예상되는 경우는 컨벡시티(convexity)가 큰 채권을 매입함으로써 금리하락에 따른 채권가격의 상승효과를 더 크게 기대할 수 있다.
- 금리의 여러 차례 하락 예상과 환율과의 관계 : 만일 금리의 여러 차례 하락 예상이 이 나라 경제의 회복요인으로 해석될 경우에는 이 나라 통화의 강세 가능성이 있다. 이 나라 통화표시 자산의 매입을 늘리거나 환 포지션을 선물환 매수 또는 콜옵션 매입 등으로 늘리는 대응이 필요하다.
  그러나 만일 금리의 여러 차례 하락 예상이 이 나라 경제상황의 심각성을 시사하는 것으로 해석될 경우에는 이 나라 통화의 약세 가능성이 있다. 이 나라 통화표시의 자산의 보유를 줄이거나 환 포지션을 선물환 매도 또는 풋옵션 매입 등으로 줄이는 대응이 필요하다.
- 금리의 여러 차례 하락 예상과 주가와의 관계 : 만일 금리의 여러 차례 하락 예상이 이 나라 경제의 회복요인으로 해석될 경우에는 이 나라 주가의 상승 가능성이 있으므로 이 나라 주식 매입을 늘리는 대응이 필요하다.
  그러나 만일 금리의 여러 차례 하락 예상이 이 나라 경제상황의 심각성을 시사하는 것으로 해석될 경우에는 이

나라 주가의 하락 가능성이 있으므로 이 나라 주식 보유를 감축할 필요가 있다.

참고문헌

1. 강재택, 생활 속의 환율, 경문사, 2008.4
2. 강재택, 21세기 통화전쟁, 매일경제신문사, 2014.12
3. 강재택, 거시경제 원리와 응용, 경문사, 2019.8
4. 박종식, 박종원, 현대 투자론, 다산출판사, 2018.1
5. 이상철, 금융리스크 쉽게 이해하기, 한국금융연수원, 2014.3
6. 이효구, 국제금융시장, 범한서적, 2012.10
7. 위정범 역, 재무금융 리스크 관리, 경문사, 2014.8
8. 장홍범, 권태용, 국제금융 이론과 실제, 한티미디어, 2018.7
9. 조규진, NPV와 VaR, 두남, 2012.8
10. 최영한, 국제금융 리스크관리, 한국금융연수원, 2015.2
11. 한국은행, 국제채권시장의 이해, 한국은행, 2008.8
12. 한국은행, 한국의 금융시장, 한국은행, 2012.12